Ich bin ein ungestrichenes Papier; meine Oberfläche ist leicht gerippt. Gestrichenes Papier ist demgegenüber glatter – warum das so ist, steht auf Seite 19.

Vom Büchermachen

Ich bin die Schmutztitelseite
Mit mir fängt der Buchblock an. Obwohl, so richtig los geht's erst weiter hinten. Die Seiten bis zum eigentlichen Beginn des Buches nennt man **Titelei.** Und ich bin die erste Seite der Titelei! Auf mir steht üblicherweise nur der Titel des Buchs.

Wie ich zu meinem seltsamen Namen kam?
Die Bezeichnung „Schmutztitel" stammt aus jener Zeit, als Bücher noch ohne Einband geliefert wurden. Wer ein Buch bestellte, bekam bedruckte und gefalzte Papierbogen – in einem Holzfass! Der „Schmutztitel" schützte die eigentliche, oft aufwändig gestaltete Titelseite vor Verschmutzungen. Die losen Bogen brachte der Buchkäufer zum Buchbinder und ließ sich ganz nach seinem persönlichen Geschmack einen Einband anfertigen.

DER DRUCKFEHLERTEUFEL
Ihm gelingt sogar in äußerst sorgfältig gemachten Büchern, Buchstaben listig (oft lustig) durchienander zu wirbeln. Häufig muss er als Sündenbock herhalten für Rechtschreibschwächen oder Nachlässigkeiten von Korrektoren, bei denen er gänzlich unbeteiligt war.

Aus Stapeln unbedruckten, weißen Papiers werden bunte Bücher.

Gudrun Sulzenbacher

Vom Büchermachen

Wie Ötzi ins Buch kam

Mit Illustrationen von
Detlef Surrey

Ich bin der Haupttitel
Mit mir wird es richtig wichtig, schließlich bin ich so was wie das Türschild des Buchs! Deshalb werde ich auch prominent präsentiert: mit Autor, Titel, Untertitel, Illustrator und Verlag. Häufig bin ich schön gestaltet – schließlich soll ich auf den Inhalt des Buches neugierig machen.

Folio Verlag

Gedruckt mit freundlicher Unterstützung
der Kulturabteilung in der Südtiroler Landesregierung.

Deutsche Kultur
und Familie
Kultur

Ich bin das Impressum

Mich findet man in jedem Buch, entweder auf einer der ersten oder letzten Seiten. In der Regel stehe ich auf Seite 4. Ich bin für alle Druckwerke gesetzlich vorgeschrieben. Man findet mich sogar in Zeitungen. Manchmal muss man mich regelrecht suchen, weil ich in kleinerer Schrift gedruckt bin.

Was ist meine Aufgabe? Ich verrate, wer an der Entstehung des Buches mitgewirkt hat. Das Zeichen © bedeutet **Copyright** und sagt: Wer dort angeführt wird, hat das Recht, den Text und die Bilder dieses Buches abzudrucken. „Copyright“ bedeutet soviel wie „das Recht zum Vervielfältigen“. „Impressum“ stammt aus dem Lateinischen und heißt „das Ein- oder Aufgedruckte“.

Was habe ich nun konkret „eingedruckt“? Meist eine ganze Menge: z. B., wer das Copyright besitzt, wann das Buch erschienen ist, wer es gestaltet hat ... und natürlich auch, wer das Buch gedruckt hat. Besonders stolz bin ich hier auf meine vorletzte Zeile, die **I**nternationale **S**tandard-**B**uch-**N**ummer (**ISBN**). Diese Erkennungsnummer erleichtert die Arbeit der Buchhändler und Bibliothekare auf der ganzen Welt, weil jede Veröffentlichung damit eindeutig identifizierbar ist. Kein anderes Buch darf dieselbe Nummer tragen.

1. Auflage 2006

Grafische Gestaltung: no.parking, Vicenza
Scans und Druckvorbereitung: Typoplus, Frangart
Druck: Printer, Trento
ISBN-10: 3-85256-321-6, ISBN-13: 978-3-85256-321-3

www.folioverlag.com

Inhalt

Ich bin das Inhaltsverzeichnis

Ich bin gewissermaßen der Wegweiser ins Buch. Und weil man sich auch auf einem Wegweiser rasch zurechtfinden sollte, bin ich übersichtlich angeordnet: mit Spalten, viel Zwischenraum und richtig fetten Seitenzahlen. So kann man auf den ersten Blick erkennen, wie das Buch aufgebaut ist und welche Kapitel es enthält. Wer an einem bestimmten Thema besonders interessiert ist, kann sofort die betreffende Stelle finden.

Und damit ist die Titelei auch schon zu Ende – das eigentliche Buch kann beginnen!

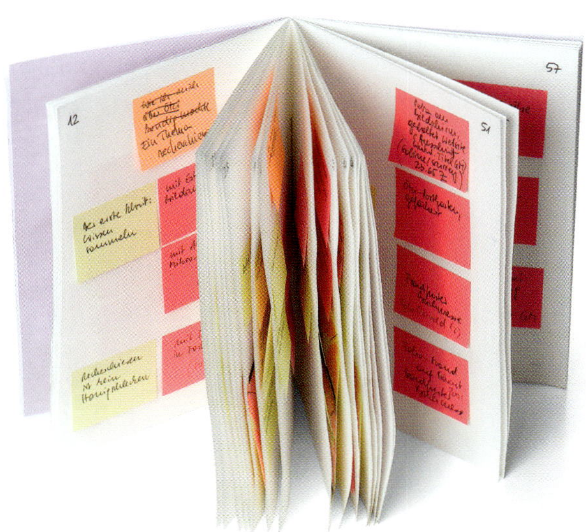

Das Universum der Bücher

Würde jemand die rund 90 000 verschiedenen Buchtitel übereinander schichten, die alljährlich in deutscher Sprache erscheinen, sähe der 300 m hohe Eiffelturm ziemlich alt aus! Wie bei den Bremer Stadtmusikanten kauerten ganz unten die großen Tiere: mächtige Atlanten und Bildbände, darüber machten sich schwere Lexika breit und schlaue Fachbücher, dann kämen Romane mit festem Einband, dann, in schwindelnder Höhe – so bei 1 400 oder 1 500 m – , stapelten sich geschmeidige Taschenbücher, während putzige Miniaturbücher die schlanke Spitze bildeten. Insgesamt wäre der Turm gut und gerne 1 800 m hoch.

Ein buntes Völkchen türmte sich da: ein unermesslicher Speicher an Wissen und Geschichten. Und neben ihm die vielen alten Büchertürme der verflossenen Jahre! Freilich sind nicht alle 90 000 Bücher echte Neulinge, der größte Teil ist nur neu gedruckt, weil die alten alle verkauft oder nicht mehr aktuell sind: Da grüßt uns Goethe in neuer deutscher Rechtschreibung; weiter oben will ein neuer Reiseführer unser Fernweh wecken, dabei wurden vom Verlag nur ein paar Tipps und Bilder ausgewechselt. Und dann gibt es in unserem Bücherturm noch die vielen Sachbücher und Romane, die schon einmal in einer anderen Sprache Buch geworden sind und die nun jemand ins Deutsche übertragen hat.

Unter all den vielen Büchern gibt es nur ganz, ganz wenige, die von sich selbst erzählen, die vom ereignisreichen Weg berichten, wie die Gedanken aus dem Kopf eines Autors in ein Buch wandern und mit diesem Buch in die Hände der Leser.

Hier wird davon berichtet, wie ein neues Buch entsteht – ein Sachbuch für junge Leser – und wie es in die Buchhandlungen kommt. Noch haftet ihm der Geruch von Druckfarbe an, noch leistet es ein klein wenig Widerstand beim ersten Öffnen. Es ist der Moment der Vorfreude, wie jener Augenblick im Theater, wo es bereits dunkel

DIE SCHLANKE SPITZE DES BÜCHERTURMS
Das ist eines der 90 000 deutschsprachigen Bücher, die jährlich gedruckt werden. Klein, aber oho! Es vertritt hier 5 000 von seinesgleichen. So hoch ist nämlich die Auflage dieses Miniaturbuchs, so oft wurde es gedruckt. Klar – gegen die Millionenauflage von Harry Potter ist es nur ein kleiner Fisch! Aber im Vergleich zu einem Gedichtsband weiter unten kann es sich dagegen schon sehen lassen, den gibt es nämlich gar nur 700 Mal.

Blick in den Prunksaal der Österreichischen Nationalbibliothek in Wien. Hier stehen rund 200 000 Bücher; der Saal ist 77,7 m lang, 14,2 m breit und 19,6 m hoch (in der Kuppel sogar 30 m). Heute stehen in der Österreichischen Nationalbibliothek etwa 136 km Bücher, Zeitungen und Zeitschriften; pro Jahr kommen rund 1,4 km dazu. Zum Vergleich: Die Deutsche Nationalbibliothek wächst an ihrem Sitz in Leipzig um rund 4,5 Regalkilometer Bücher pro Jahr, in Frankfurt sind es etwa 4 km!

und still geworden, der Vorhang aber noch geschlossen ist. Dann endlich fliegen wir Leser über die Zeilen, entziffern die Zeichen, versinken in Bildern. Jetzt erleben wir Abenteuer im Kopf, werden berührt von fremden Schicksalen, versetzt in ferne Länder und nehmen teil am Wissen der Welt.

Neuerscheinungen (Neuauflagen und Erstauflagen)	**90 000**
davon Erstauflagen	**78 000**
davon 11,40 % Bücher für junge Leser (inkl. Schulbücher)	**8 900**
7,2 % der Erstauflagen sind Kinder- und Jugendbücher	**5 600**
davon 17,2 % Übersetzungen aus anderen Sprachen	**960**

Gerundete Zahlen. Quelle: Börsenverein des Deutschen Buchhandels, Buch und Buchhandel in Zahlen 2006

BÜCHER & ZAHLEN
In Deutschland erscheinen jährlich knapp **90 000 neue Buchtitel** – zählt man zusammen, wie oft jeder von ihnen gedruckt wurde, sind das fast **eine Milliarde Bücher** pro Jahr! 12 000 davon sind neu aufgelegte Titel (die es schon einmal gegeben hat). Ganz neu (sogenannte Erstauflagen) sind in Deutschland pro Jahr immerhin noch **rund 78 000 Buchtitel**. In Österreich werden jährlich **7 800 Erstauflagen** produziert.
Von den erwähnten 78 000 Neuerscheinungen sind **8 900 für junge Leser** bestimmt (11,40 %). 5 600 davon sind Kinder- und Jugendbücher, der Rest Schulbücher. Etwa 960 der Kinder- und Jugendbücher werden aus einer anderen Sprache übersetzt (17 %).

Ich bin das Vorwort und führe ins Buch ein, ich sage etwas Grundsätzliches zum Thema: Ich verrate, warum oder für wen oder zu welchem Zweck das Buch geschrieben wurde. Manchmal erkläre ich auch, wie das Buch entstanden oder wie es aufgebaut ist.

Wie es zu diesem Buch kam

AM ANFANG STAND EIN BUCH Ein paar der vielen Tausend Bücher, von denen eben die Rede war, habe ich geschrieben. Eines davon heißt „Die Gletschermumie" und erzählt von Ötzi, dem Mann aus dem Eis. Mit diesem Buch bin ich regelmäßig auf Lesereise: Einmal tingelte ich fünf Tage mit einer Buchhändlerin durch Schulen und Bibliotheken in Bayern. Ich war dort eingeladen, das Buch vorzustellen und von meiner Arbeit zu erzählen. Die Buchhändlerin hatte meine Bücher, ich Dias im Handgepäck. Damit konnte ich Ötzis unglaubliche Geschichte nicht nur erzählen, sondern auch zeigen. Anschließend hagelte es immer Fragen: Warum wurde Ötzi ermordet? Warum floh er so hoch ins Gebirge hinauf? Warum weiß man, wie er aussah? Warum blieb er 5 000 Jahre lang unversehrt? Warum geht die Mumie im Museum nicht kaputt?

„SCHREIB ES DOCH AUF!" Da gab es aber noch ganz andere Fragen: Manche Dias zeigten nämlich, wie die Geschichte von Ötzi ins Buch kam. Die Kinder und Jugendlichen erfuhren, wie „Die Gletschermumie" entstanden und was im Laufe der Arbeit so alles passierte war. Das wollten sie nun ganz genau wissen: Warum trägt der Fotograf einen Mundschutz? Warum wird am fertigen Text noch so viel ausgebessert? Wieso kann man mit nur vier Farben bunte Seiten drucken? Warum werden Bücher genäht?
Am Ende einer Veranstaltung meinte eine Schülerin: „Die Geschichte vom Büchermachen ist ja genauso spannend wie die Geschichte vom Ötzi! Schade, dass die Zeit schon um ist!" Das wiederum hatte meine Begleiterin aufgeschnappt. „Schreibs doch auf!", ermunterte sie mich.

Dies ist hiermit geschehen! Wie heute ein Sachbuch entsteht und wie es unter die Leute kommt, wird hier beschrieben.

Wie es zum Buch über Ötzi kam

WIE KOMMEN SACHBÜCHER AUF DIE WELT? „Wie sind Sie darauf gekommen, ein Buch über Ötzi zu schreiben?“ Diese Frage wird mir auf meinen Lesereisen oft gestellt. Doch selten beginnt ein Autor von sich aus, ein Sachbuch zu schreiben. Sachbücher werden ja nicht nur geschrieben, viele enthalten auch Illustrationen. An einem Sachbuch-Manuskript arbeiten daher gleichzeitig mehrere Menschen: Fotografen, Zeichner, Grafiker und Fachleute im Verlag. Dort werden Sachbücher auch meistens „geboren“. Im Verlag hat jemand – der Verleger oder der Lektor – die Idee zu einem Buch. Er prüft, ob das Thema ausreichend interessant ist und es nicht schon Bücher darüber gibt. Dann sucht er Spezialisten, die dieses Buch machen könnten. Als mir der Verlag vorschlug, ein Kinder- und Jugendsachbuch über Ötzi zu schreiben, habe ich sofort zugesagt. Warum?

ÖTZI FASZINIERT Ötzis Geschichte hat mich von Anfang an interessiert. Andernfalls hätte ich nicht ein Buch über ihn schreiben können. Allein schon sein Anblick hat mich gefesselt: Klein und verschrumpelt liegt er da, im Halbdunkel, braun und ledrig, die Augen leer, den linken Arm verdreht, ausgestellt für die Besucher eines Museums und streng bewacht. Als ich erstmals vor dem kleinen Fenster seiner Kühlzelle stand, war ich seltsam berührt. Und irritiert, denn ich konnte mir die Zeitspanne von 5 000 Jahren – so lange ist er schon tot – nicht wirklich vorstellen.

Ötzi in Bozen: Das Südtiroler Archäologiemuseum ist heute seine letzte Ruhestätte. Dort ist die Gletschermumie und alles, was man bei ihr gefunden hat, ausgestellt. Zeichnungen und Modelle veranschaulichen, welche Kleider die Menschen in der Jungsteinzeit trugen und welche Werkzeuge sie besaßen. Videos erzählen die Geschichte von Ötzis Bergung und Erforschung; die lebensgroße Ötzi-Rekonstruktion darf man sogar anfassen. Der echte Ötzi liegt etwas abseits. Nur durch ein kleines Fenster aus Panzerglas kann man die Mumie betrachten. Sie wird in einer keimfreien Kühlzelle, bei einer Temperatur von −6 °C und bei 99 % Luftfeuchtigkeit konserviert.

Ein Glücksfall ist Ötzi auch für die Medien. Immer wieder liefert er Stoff für ausführliche Berichte und wilde Spekulationen. Als die Mumie entdeckt wurde, überboten sich Zeitungen und Fernsehsendungen aus aller Welt in Schlagzeilen über die neue Sensation. So wurde Ötzi zum Medienstar.

ÖTZI – EINE EINZIGARTIGE ENTDECKUNG Der Mann aus dem Eis ist tatsächlich keine alltägliche Mumie. Erstens gehört er zu den ältesten Mumien der Welt überhaupt, und zweitens wurde er auf besondere Weise mumifiziert. Ötzi ist eine Feuchtmumie, in seinen Körperzellen ist noch Feuchtigkeit gespeichert. Deshalb ist sein Körpergewebe elastisch, und deshalb kann man beispielsweise seinen Mageninhalt untersuchen.

ÖTZI LÄSST UNS IN DIE JUNGSTEINZEIT BLICKEN Ötzi wurde mitten aus dem Leben gerissen, mitsamt seiner Alltagskleidung und Ausrüstung. Deshalb wissen wir jetzt viel genauer, wie die Menschen der Jungsteinzeit lebten. Das war etwas ganz Neues und stand noch in keinem Buch. Ötzis Ausrüstung führt uns beispielhaft vor Augen, dass man damals aus Holz und Leder, Stein und Metall alles herstellen konnte, was man benötigte, und dass diese Dinge nicht nur zweckmäßig waren, sondern auch schön. Die Handwerker der Jungsteinzeit waren ausgesprochen kunstfertig. Sie verstanden es, sich die positiven Eigenschaften eines Materials bestmöglich nutzbar zu machen.

EIN THEMA FÜR WISSENSDURSTIGE Und noch etwas reizte mich an diesem Buchprojekt: Hier konnte ich anhand eines einzigen Themas viele verschiedene Forschungsgebiete kennenlernen und deren Ergebnisse zusammenfassen. Ötzi wird ja nicht nur von Archäologen untersucht, sondern auch von Mikrobiologen, Kriminologen, Geologen ... rund 60 verschiedene Wissenschaftler waren und sind mit der Mumie befasst.

Die lebensgroße Ötzi-Rekonstruktion: Von der Kleidung in der Jungsteinzeit hatte man bis zu Ötzis Entdeckung keine verlässliche Vorstellung. Jetzt wissen wir, dass unsere Vorfahren durchaus kultivierte Menschen waren – die Gewänder sind präzise zugeschnitten und sorgfältig genäht, dabei außerordentlich zweckmäßig. Sogar modebewusst war man zu Ötzis Zeit: Die Fellteile seines Mantels ergeben ein formschönes Streifenmuster!

Steinzeit-Therapie: Eine Besonderheit an Ötzi sind die vielen Tattoos. Sie zeigen Strichbündel und Kreuze und befinden sich am Rücken, am rechten Knie, an den Waden und an den Sprunggelenken – also genau dort, wo Ötzi seinen Körper stark belastet und abgenutzt hatte. Er muss an diesen Stellen starke Schmerzen gehabt haben. Hatten die Tattoos medizinischen Funktion?

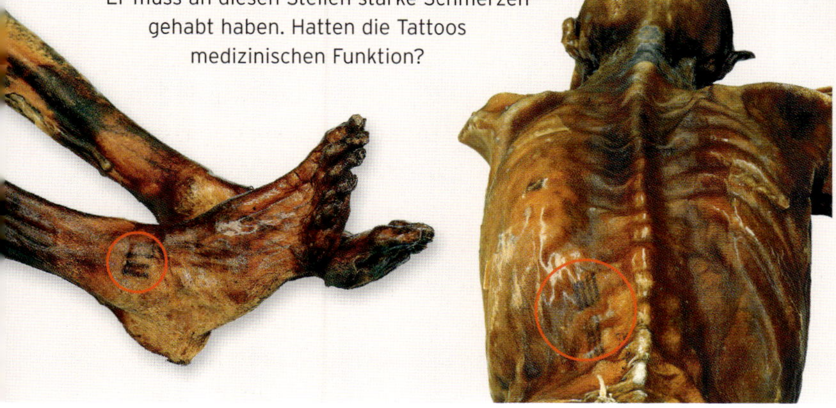

Raffiniert konstruiert! Ötzis Fußbekleidung ist eine ausgeklügelte Konstruktion und im Prinzip aufgebaut wie ein moderner Bergschuh: weicher und Kälte isolierender Innenteil – fester und Wasser abweisender Außenteil. Ötzis „Innenschuh" (rechts) ist ein Grasnetz. Zum Schutz gegen die Kälte war es mit Heu ausgestopft. Der „Außenschuh" besteht aus robustem Hirschleder.

EIN TOP-THEMA IN DER KINDER- UND JUGENDLITERATUR Von meinem früheren Beruf her – ich war Lehrerin gewesen – wusste ich, welche Anziehungskraft Mumien auf Jugendliche ausüben. Seit Ötzis Entdeckung waren die Steinzeit-Stunden für die Schüler plötzlich doppelt so interessant.

„Es muss auf jeden Fall ein Buch mit vielen Bildern werden", sagte ich zu meinem Verleger", „damit die Leser sich die sensationellen Fundsachen auch gut vorstellen können. Ein Buch mit knappen Texten, um Lesemuffel nicht zu vergraulen." „Aber andererseits", meinte der Verleger, „muss das Buch so viele Informationen wie möglich enthalten. Immerhin ist es das bisher erste Jugendsachbuch über Ötzi – wir schließen damit eine Marktlücke. Da wollen wir gleich die Latte hoch legen." Damit begannen wir, am „Bauplan" unseres Buchs zu basteln. Aber vorher musste ich über Ötzi noch viel in Erfahrung bringen.

Anschauliches Lernen im Südtiroler Archäologiemuseum: Eine Museumspädagogin hat rekonstruierte Ötzi-Kleider mitgebracht. Nach wenigen Versuchen wissen die Kinder, wie der Mann aus dem Eis seine Beinkleider trug – und seine Unterhosen.

Ein Thema recherchieren

DER ERSTE SCHRITT: WISSEN SAMMELN Es ist wie beim Verfassen einer Hausarbeit: Ehe man über eine Sache schreiben kann, muss man wissen, was Sache ist. Mit Ötzi kannte ich mich damals schon recht gut aus, ich hatte bereits Lernspiele zu diesem Thema erstellt. Inzwischen aber gab es wieder Neues aus der Ötzi-Forschung, und darüber hatte ich mich nun systematisch kundig zu machen. Ich musste herausfinden, woran die Forscher gerade arbeiteten. Und ich musste überprüfen, ob das, was ich bereits wusste, noch stimmte. „Recherche" nennt man diese Suche nach Informationen. Ein paar Umstände haben mir dabei sehr geholfen: Erstens stecke ich gerne meine Nase in alle Töpfe – wer neugierig ist, kommt leichter und schneller weiter; und zweitens habe ich Ötzi praktisch vor meiner Haustür: 30 Minuten Autofahrt sind es bis ins Südtiroler Archäologiemuseum, zwei Stunden Fahrt und ein Halbtagesmarsch bis zur Fundstelle. Außerdem hatte ich viele Helfer.

RECHERCHIEREN IST KEIN HONIGLECKEN Es gab auch Zeiten, wo alles mühsam war und ich nur schleppend vorankam. Da war niemand, der mich beflügelte, nichts, was mich anspornte. Vielmehr hieß es: viele Laufmeter Buchregale durchforsten, viele Kilogramm Fachliteratur nach Hause schleppen, viele Seiten Fachchinesisch entziffern.

Geduldig unterstützten mich die Mitarbeiterinnen des Südtiroler Archäologiemuseums bei der Auswahl der Bilder.

Von der Museumsdirektorin erfuhr ich allerneueste Forschungsergebnisse.

Auch der Bibliothekar im Museum hat mich bei der Recherche unterstützt: Tipps gegeben, Bücher reserviert, Zeitungsartikel kopiert, ja sogar Bücher eigens angekauft.

RECHERCHE VOR ORT Nachdem ich Fachbücher gewälzt und Karten studiert hatte, konnte ich mir einiges noch immer nicht richtig vorstellen. Ötzis Fundort zum Beispiel. Ich wusste: Dort oben gibt es eine lange, tiefe Felsrinne. Und diese Mulde hat Ötzi vor dem zerstörerischen Druck des fließenden Eises geschützt. Die Stelle kannte ich inzwischen aufgrund von Beschreibungen, Zeichnungen, Fotos und Karten. Trotzdem wollte ich sie nun mit eigenen Augen sehen.

Die Fundstelle in den Ötztaler Alpen: Hier war vor mehr als 5 000 Jahren ein Mann unterwegs – abgehetzt, mit schadhafter Ausrüstung und ohne Proviant. In aller Eile versuchte er, neue Waffen herzustellen. Jetzt hätte der Mann nur noch seinen Bogen und zwölf Pfeile fertigstellen müssen. Aber dazu kam er nicht mehr: Er selbst wurde hinterrücks von einem Pfeil tödlich getroffen. Dann muss Schnee den Toten vor Raubtieren und Insekten geschützt haben. Die Schneedecke blieb zunächst luftdurchlässig, so trocknete der Körper langsam aus. Dann wurde der Leichnam von Gletschereis umschlossen und gefriergetrocknet – deshalb ist er nicht verwest. Als Mumie blieb er fünf Jahrtausende lang in seinem eisigen Grab liegen, unversehrt und unentdeckt – bis zu jenem Herbsttag im Jahr 1991 ...

In dieser Felsrinne (links) lag die Mumie: Jetzt erst konnte ich mir vorstellen, warum Ötzi vom fließenden Eis nicht zermalmt wurde. Die schmale Rinne liegt nämlich quer zum Hang, über den sich eine Gletscherzunge zu Tal geschoben hatte. Und die Felsrippen am Rand der Rinne sind nicht nur hoch, sondern auch ziemlich steil. Mein Mann hat mich bei meinen Recherchen oft begleitet.

RECHERCHE IM ARCHIV Nicht so kalt und stürmisch wie im Gebirge, aber ebenso spannend war es bei meinen Nachforschungen im Archiv des Ötzi-Museums. Dort arbeitete ich mich durch Zeitungsartikel, Protokolle und Fachbücher und musste immer wieder inne halten: Damals, am 19. 9. 1991, begann doch die Geschichte einer archäologischen Sensation, aber niemand ahnte an diesem besonderen Tag (das Datum lautet, rückwärts gelesen, gleich), dass der Tote bald weltberühmt sein würde.

Freitag, 20. 9. 1991: Der erste Bergungsversuch schlägt fehl: Die Leiche sitzt im Eis fest. Das Wetter verschlechtert sich, die Bergung wird abgebrochen. Vieles ist befremdlich an diesem Fund. Neben dem Toten liegen ungewöhnliche Gegenstände: Birkenrinde, Grasschnüre, Fellreste, Lederklumpen, ja sogar ein Beil. Alle wundern sich über den „seltsamen Pickel", doch niemand erkennt, dass es sich um ein Gerät aus der Steinzeit handelt. Schnell verbreiten sich Gerüchte: Der Tote trage Brandmale und sei mit Schnüren gefesselt gewesen. Ist er womöglich ermordet worden?

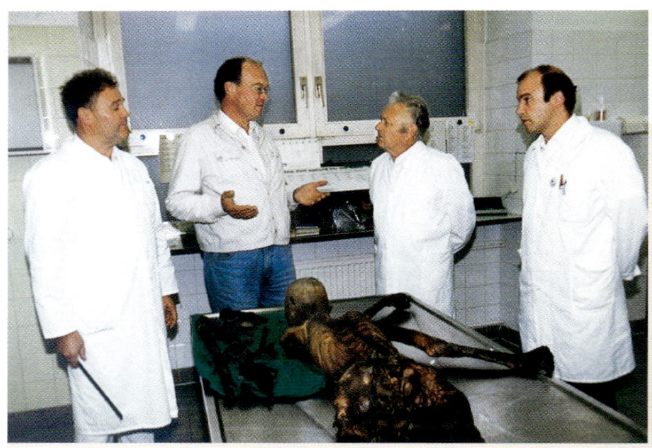

Im Institut für Gerichtsmedizin der Universität Innsbruck: Sechs Tage nach der Entdeckung des seltsamen Fundes wird endlich ein Archäologe zu Rate gezogen. Professor Spindler (2. v. l.) begutachtet den Leichnam und die Beifunde, und traut seinen Augen nicht, als er das Beil sieht. Als Altertumsforscher kennt er diese Art von Beilen, bei denen der Griff aus einem einzigen, rechtwinkligen Holzstück geschnitzt ist. Diese Knieholmschäftung verwendete man bis vor etwa 4000 Jahren. Also muss ein Mensch, der mit solch einem Beil gefunden wird, auch mindestens 4000 Jahre alt sein – die Sensation ist perfekt.

Donnerstag, 19. 9. 1991: Die beiden Urlauber Erika und Helmut Simon aus Nürnberg sind in den Ötztaler Alpen unterwegs. Dabei kommen sie an einer Felsrinne vorbei, in der etwas Bräunliches liegt. Sie erkennen mit Entsetzen, dass es sich um einen Toten handelt. Er liegt bäuchlings, sein Gesicht ist nicht zu sehen. Unterkörper und Beine stecken im Eis. Die Simons verlassen betroffen den Fundort; sie halten die Leiche für einen verunglückten Bergsteiger. Auf einer nahen Berghütte melden sie den grausigen Fund.

RECHERCHE KANN RICHTIG SPANNEND SEIN Viele Monate war ich damit beschäftigt, Sachwissen zu sammeln. Ich finde, das ist etwas vom Schönsten an meinem Beruf: Man hört Erstaunliches, liest Verblüffendes, giert nach Details – und versteht plötzlich Zusammenhänge. Und: Man lernt interessante Leute kennen, Menschen, die viel wissen, die gerne erzählen, die neugierig sind und die ihre Arbeit lieben. Von ihrer Wissbegier lasse ich mich gerne anstecken. Wie spannend war es doch, den Archäologen zuzuhören, wenn sie von der Ausgrabung und Konservierung erzählten! Und zum Glück für mein Buch hatten sie ihre Arbeit fotografisch dokumentiert.

Bald nach Ötzis Bergung traten die Archäologen auf den Plan – galt es doch, Antworten zu finden auf unzählige Fragen: Wer war dieser Mann? Wie hat er gelebt? Warum stieg er so hoch hinauf ins Gebirge? Wie kam er ums Leben? Bei einer Ausgrabung tasten die Archäologen sich langsam in die Vergangenheit zurück. Sie suchen nach verstreuten Hinweisen, die sie wie ein Puzzle zusammensetzen. An Ötzis Fundstelle wurden die Forscher mit ungewohnten Verhältnissen konfrontiert. Sonst hatten sie ja immer im Erdreich gegraben, nun mussten sie sich mit Dampfstrahlern im Gletschereis abmühen.

Ötzi hat uns einen an sich armseligen Besitz hinterlassen. Aber diese 70 Habseligkeiten sind dennoch wertvoll, denn sie erzählen vom Alltag in der Jungsteinzeit. Damit die Gegenstände aber tatsächlich etwas „erzählen" können, mussten sie erst einmal restauriert werden. Ohne spezielle Behandlung wären sie bald verrottet. Die Ausrüstung kam in die Werkstätten des Römisch-Germanischen Zentralmuseums in Mainz. Dort begann eine dreijährige, aufregende Zeit des Forschens. Erst als die vielen kleinen Teile zusammengefügt waren, ergab sich ein umfassendes Bild von Ötzis Bekleidung und Geräten. Jetzt wurde deutlich, welch geschickte Handwerker die Steinzeitmenschen waren.

Im Verlag

Manche Menschen stellen sich einen Verlag als eine Art Fabrik vor, in der Bücher gedruckt werden. Tatsächlich besteht ein Verlag vor allem aus Büros, in denen verschiedene Fachleute sitzen. Hier wird der lange Weg eines Buchs – von der Idee bis zum Verkauf des fertigen Produkts – geplant, organisiert und kontrolliert. Hier wird das Manuskript bearbeitet und für den Druck vorbereitet. Aber die Druckmaschinen und Falzgeräte und Nähmaschinen stehen meist anderswo in eigenen Betrieben: in der Druckerei und in der Buchbinderei. Es gibt kleine Verlage – auch Einmannbetriebe – bis hin zu riesigen Konzernen mit Tausenden Mitarbeitern.

SO VIEL MATERIAL – SO WENIG BUCH! Je länger ich im Museum und im Gebirge unterwegs war, desto höher wuchsen die Berge auf meinem Schreibtisch: Notizhefte, Skizzenblöcke, Karteikästen, Fotomappen und Bücher türmten sich. Und alles war ja so interessant, 400 Seiten hätte ich füllen können! „Ein so dickes Buch will niemand lesen“, bremste mein Verleger. Aber wie umfangreich sollte das Ötzi-Buch nun tatsächlich werden? Oder wie schmal? Und die wichtigste Frage: Wer genau soll das Buch überhaupt lesen?

WIE SOLL DAS BUCH AUSSEHEN?
Um dies zu entscheiden, setzten sich im Verlag die Fachleute verschiedener Abteilungen zusammen. Auch der Hersteller war dabei, obwohl der Text noch gar nicht geschrieben war. Der Hersteller kennt sich nämlich mit allem aus, was den Druck und die Kosten betrifft und muss deshalb von Anfang an in die Planung einbezogen werden. Auch die Vertriebsfrau hatte ein gewichtiges Wort mitzureden, obwohl der Tag, an dem die fertigen Bücher an den Buchhandel ausgeliefert würden, noch in ferner Zukunft lag. Selbst der Ladenpreis musste schon festgelegt werden. Es gab also viel zu besprechen.

Bücher können sehr unterschiedlich sein: klein, groß, schmal, breit, billig, teuer. Welches „Kleid“ wird unser Ötzi-Buch bekommen?

VERLEGER

Ich bin einer von vier Bogen dieses Buchs; ich beginne hier und ende auf Seite 32: Ich bin aus mattem, leicht getöntem Papier mit einer samtenen Oberfläche; meine Seiten fühlen sich etwas steifer an, weil sie – obwohl sie weniger wiegen! – dicker als die übrigen sind.

Verlage unterscheiden sich äußerlich nicht nur durch ihre Namen, sondern auch durch das Firmenzeichen. Dieses „Logo“ steht häufig auf dem Buchrücken.

BELTZ & Gelberg

folio

J. JUNGBRUNNEN

Ravensburger

DAS LETZTE WORT HAT DER VERLEGER Der Verleger ist der Eigentümer oder Leiter des Verlags und für den Inhalt der Bücher verantwortlich. Er muss auch für alle wirtschaftlichen Entscheidungen gerade stehen – gehört ihm der Verlag, trägt er das finanzielle Risiko. Er entscheidet, welche Bücher produziert werden und welche nicht, er bestimmt, wie teuer die Herstellung eines Buchs sein darf; er legt die Druckauflage fest – also die Gesamtzahl der Exemplare, die in einem Herstellungsgang produziert werden. In größeren Verlagen trifft nicht er selbst alle diese Entscheidungen, sondern beauftragt damit seine Mitarbeiter: Der Lektor zum Beispiel wählt die Bücher aus, die gemacht werden sollen, die Vertriebsfrau bestimmt, wie viele Bücher von einem Titel gedruckt werden.

VERLEGEN KOMMT VON „VORLEGEN“ Ursprünglich war es so, dass ein Autor – wollte er sein Manuskript veröffentlichen – jemanden finden musste, der bereit war, das Geld für die Druckkosten „vorzulegen“, also vorzustrecken. Auch heute muss jemand erst die Produktion eines Buchs bezahlen, bevor es in der Buchhandlung zum Verkauf steht. Folglich muss sich der Verleger fragen: Kann ich später mit dem Verkauf des Buchs genug Geld einnehmen, um jetzt alle zu bezahlen, die an der Entstehung dieses Buchs mitgearbeitet haben? Und kann ich davon auch selbst noch leben? „Kalkulation“ nennt man so eine Berechnung.

Es gibt auch Verleger, die nicht nur den finanziellen Gewinn sehen: Sie nehmen schon mal in Kauf, an einem Titel nichts zu verdienen oder gar etwas draufzulegen, weil sie nämlich dieses Buch für so wichtig und gut halten. Natürlich müssen dann andere Bücher diese Verluste wettmachen, sonst wird der Verlag nicht lange überleben.

EIN VERTRAG WIRD GEMACHT Entscheidet sich ein Verlag, einen Text zu verlegen, muss er vom Autor das Recht erwerben, diesen Text zu vervielfältigen und zu verbreiten. Dafür wird ein Vertrag abgeschlossen. Darin sind die Spielregeln der Zusammenarbeit genau festgelegt: Wann das Manuskript abgegeben werden muss, wann das Buch erscheint, wie hoch die Auflage ist, wie viel Geld der Autor bekommt … Das Autorenhonorar wird entweder als einmaliger Pauschalbetrag ausbezahlt, oder der Autor wird am Verkaufserlös beteiligt; das können 5–10 % vom Ladenpreis jedes verkauften Buchs sein.

Der Vertrag zwischen Autorin und Verlag wird unterzeichnet.

Wie soll das Buch aussehen?

SCHRIFT

Welche Schrift: eine mit „Füßchen" (Serifen) oder eine ohne Füßchen?
Wie soll sie gesetzt sein: groß oder klein (welcher Schriftgrad)?
Mit langen oder kurzen Zeilen (Satzbreite)?
Mit großem oder kleinem Zeilenzwischenraum (Durchschuss)?
Werden die Überschriften in GROSSBUCHSTABEN oder **fett** (bold) oder gerade gesetzt?
Unser Buch „Vom Büchermachen" verwendet für die Kapiteltitel die serifenlose Schrift Interstate mit einem Schriftgrad von 32 Punkt (pt); die roten Zwischentitel sind als Versalien (Großbuchstaben) der Schriftart Interstate Bold, 10,5 pt gehalten, der Haupttext ist die Joanna MT mit Serifen (11,2 pt), die Bildlegenden sind in der serifenlosen Interstate Light, 8 pt gesetzt.

Das ist ein Satz in der Schriftart Times New Roman mit einem Schriftgrad von 9 Punkt.

Das ist ein Satz in der Schriftart Times New Roman mit einem Schriftgrad von 11 Punkt.

Das ist ein Satz in der Schriftart Times New Roman mit einem Schriftgrad von 14 Punkt.

Das ist ein Satz in der Serifenschrift Garamond mit einem *kursiv* gesetzten Wort.

Das ist ein Satz in der Schriftart Comic Sans.

Das ist ein Satz in der serifenlosen Schriftart Helvetica.

SATZSPIEGEL

Wie sind Texte und Bilder auf einer Buchseite verteilt? Dieses Buch ist dreispaltig komponiert. Der Grundtext beschränkt sich auf zwei Spalten, die Bildtexte nützen fallweise auch die schmalere Randspalte: Der Grundtext steht in Blocksatz, die Bildtexte dagegen sind in der Regel links- oder rechtsbündig ausgerichtet.

Flattersatz linksbündig — Flattersatz rechtsbündig

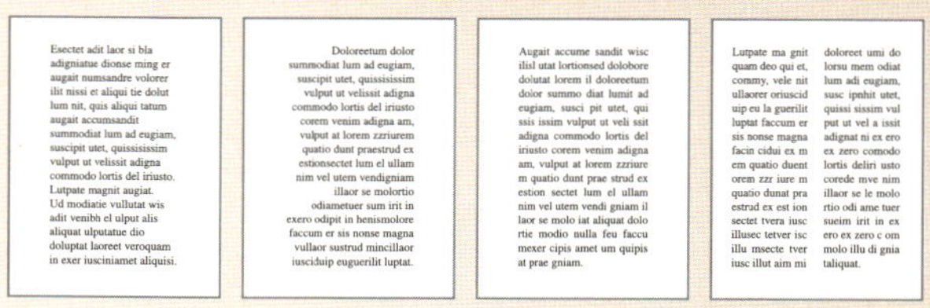

Blocksatz — zweispaltiger Blocksatz

Formsatz

FARBIGKEIT

Schwarz-weiß oder bunt? Dieses Buch ist durchgehend farbig gedruckt.

BILDER

Gibt es Bilder? Fotos oder Zeichnungen?
Bunte oder schwarz-weiße?
Werden Fotos freigestellt? Dieses Buch hier enthält bunte Fotos und Zeichnungen. Einige Bilder – zum Beispiel auf Seite 11 – sind freigestellt.

BUCHFORMAT

Welche Größe, XS oder XXL?
Welche Form, Quadrat oder Rechteck?
Ein Rechteck im Hoch- oder im Querformat?
Unser Buch hier zum Beispiel ist ein Hochformat und misst 21,5 x 28 cm.

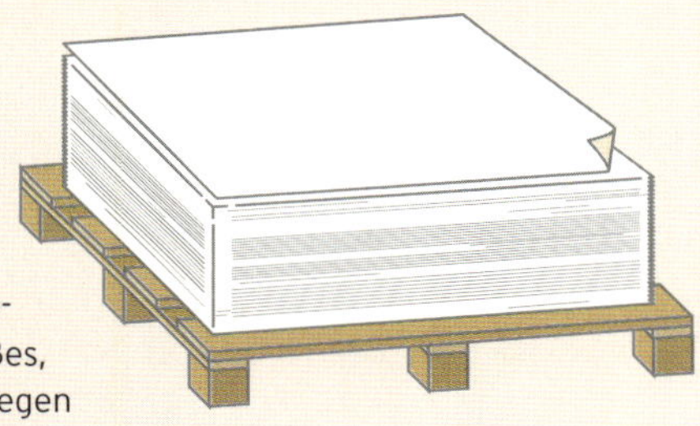

PAPIER

Welches Papier? Dick oder dünn, schwer oder leicht, weiß oder cremefarben, glatt oder rau? Der Innenteil dieses Buchs „Vom Büchermachen" ist auf mattem, gestrichenem Papier gedruckt. Für drei der vier Bogen wurde ein weißes, 150 g/m² schweres Papier verwendet; für diesen Bogen dagegen zum Vergleich Papier zu 135 g/m² mit einem warmen Farbton. „Gestrichenes Papier" bedeutet, dass die Oberfläche so behandelt wurde, dass diese glatter wird und das Papier nicht so viel Farbe aufsaugt; dadurch lässt es sich besser bedrucken und die Farben der Bilder werden brillanter.

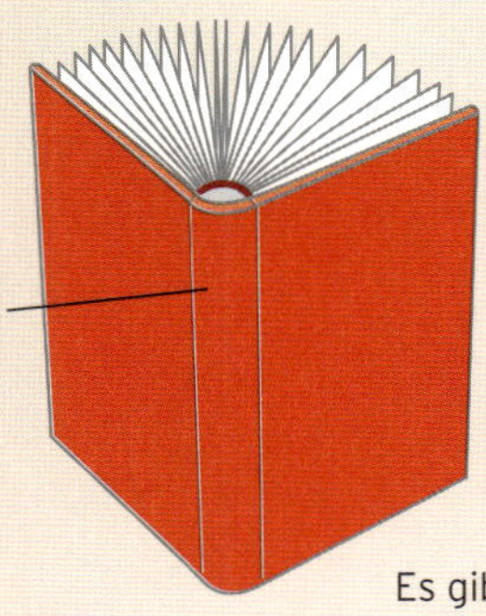

EINBAND UND BINDUNG

Welcher Einband? Er kann fest sein, dann ist es ein Deckenband (Hardcover); er kann aber auch flexibel sein – z. B. bei Taschenbüchern –, das ist dann eine Broschur (Softcover). Der Karton bei einem Hardcover kann mit Papier, mit Leinen oder gar mit Leder überzogen werden, der Buchrücken kann abgerundet oder gerade sein. Und die Bindung? Es gibt Fadenheftung, Klebebindung und Spiralbindung. Das vorliegende Buch ist ein Hardcover, es ist fadengeheftet, der Einband ist mit Papier überzogen und es hat einen geraden Rücken.

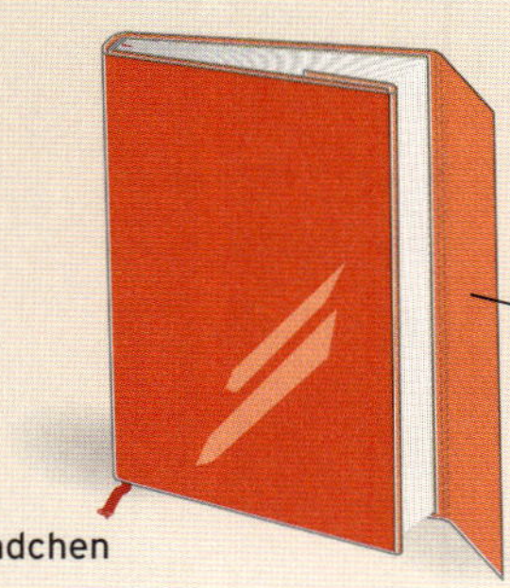

AUSSTATTUNG

Wird der Einband veredelt, beispielsweise mit einer durchsichtigen Schutzfolie überzogen? Ist diese Folie matt oder glänzend?
Gibt es ein Lesebändchen – wie in diesem Fall? Einen Schutzumschlag?
„Vom Büchermachen" hat keinen Schutzumschlag, aber sein Einband ist glänzend laminiert.

Es begann mit einigen Skizzen. Nach fünf solcher „Skribbles" passte die Raumeinteilung.

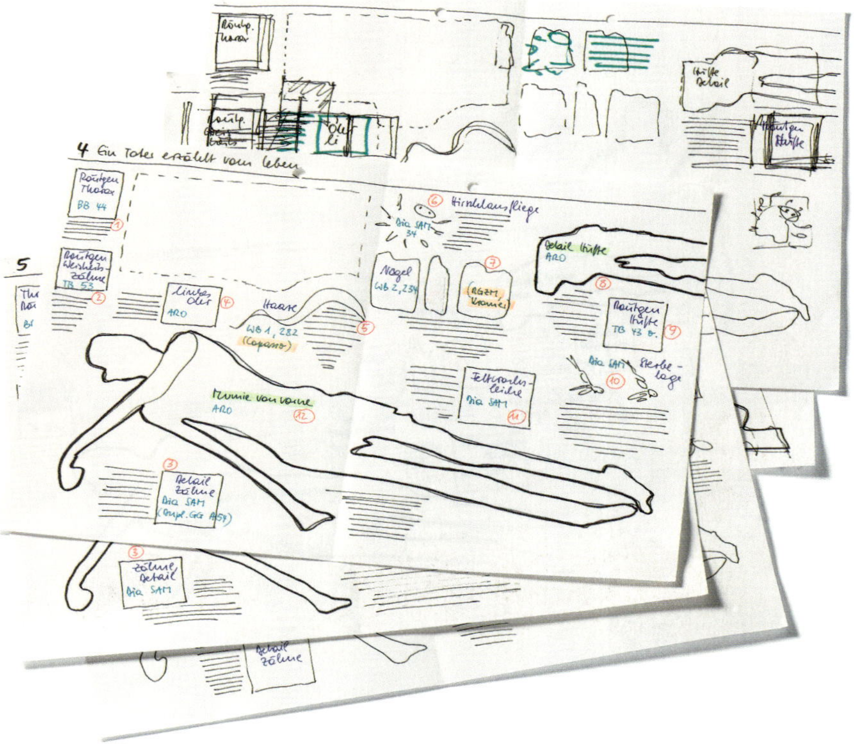

SO VIELE BILDER! Inzwischen war klar, wie unser Ötzi-Buch aussehen sollte: Hardcover, Hochformat, 64 Seiten, durchgehend farbig illustriert. Und auf jeder Doppelseite 10 bis 15 farbige Fotos oder Zeichnungen. Außerdem sollten fast alle Abbildungen freigestellt sein, die Motive also keinen Hintergrund haben. So blieb noch jede Menge **P**latz für Texte!

Ich werde Zwiebelfisch gerufen, weil ich ein Buchstabe bin, der sich irrtümlich aus einer anderen Schriftart hier eingeschlichen hat. Mitunter werden Zwiebelfische bewusst eingesetzt: Wenn nämlich ein Sonderzeichen (z. B.: δ,Ô …) in einer Schriftart nicht vorhanden ist, holt man es sich aus einer anderen, ähnlichen Schriftart.

WIE SOLL EINE DOPPELSEITE AUSSEHEN? Bevor ich mit dem Schreiben beginnen konnte, musste ich wissen, wie die Seiten des Ötzi-Buchs eingeteilt werden. Ich musste die Größe der Bilder kennen, aber auch die Aufteilung des Textes und die Schriftgröße. Davon hing nämlich ab, wie viel Text auf einer Doppelseite Platz hatte. Aber auch der Fotograf und die Illustratorin mussten sich vorher mit dem Erscheinungsbild jeder Doppelseite vertraut machen. Bevor der eine die Kamera aufstellte und die andere zum Bleistift griff, mussten sie die Größe der Bilder kennen. Kurzum: Wir alle benötigten ein „Layout" – so nennt man die Vorlage für die Raumeinteilung einer Seite. Dieses Layout lieferte die Grafikerin.

DAS LAYOUT Das Seiten-Layout für das Ötzi-Buch ist sehr flexibel. Es gibt keine Spalten, nur die „Kopfzeile" und die „Fußzeile" bilden fixe Grenzen. Jede Doppelseite hat ein großes Foto als Blickfang, umgeben von mehreren kleineren Bildern. Diese Abbildungen kann man frei platzieren: Man kann das große Bild beispielsweise rechts positionieren, oder links, oder in der Mitte. Zu jedem Bild gehört ein kurzer Text, zu jedem Text ein Zwischentitel. Jede Doppelseite hat ein Thema, und jedes Thema einen einleitenden Haupttext.

Die Gestaltungsvorlage, nach der alle Doppelseiten des Ötzi-Buchs aufgebaut sind.

EIN SCHEMA MIT TRADITION Diese „Rundum-Gestaltung“ mit freigestellten Fotos gibt es schon seit langem. Sie wurde vom englischen Verlagshaus Dorling Kindersley entwickelt. Im deutschsprachigen Raum wurde sie zuerst durch die Reihe „Sehen Staunen Wissen“ bekannt, die der Gerstenberg Verlag herausgibt. Dieses Schema schien uns geeignet, um ein spannendes Buch zu machen, das vielfältig einsetzbar sein sollte: zum Schmökern, zum Vertiefen und zum Nachschlagen.

Bildsachbücher sind sehr beliebt. Warum eigentlich? Ganz klar: Die Bilder bestechen. Sie sind groß, sie sind schön, sie wirken plastisch, und vor allem – es sind viele! Da kann man tatsächlich lange schauen und staunen. Außerdem enthalten Bilder viele Informationen, man muss sie nur genau betrachten. Auch Bilder kann man „lesen“.

Der Bauplan entsteht

DIE QUAL DER WAHL Jetzt hatte ich also das Schema für eine Doppelseite. Und einen ganzen Haufen Informationen über Ötzi – viel zu viele! Es hieß auswählen. Bei dieser Arbeit half mir der Lektor. Er gab mir Tipps, welche Informationen ich nehmen sollte, und in welcher Reihenfolge ich sie im Buch am besten unterbringen könnte. Auch das gehört zu den vielen Aufgaben des Lektors: Er plant mit dem Autor den Inhalt und den Aufbau des Buchs.

ANSCHAULICHE HILFE Beim Planen ist es hilfreich, wenn man den Aufbau des gesamten Buchs vor Augen hat. Deshalb skizzierte ich lauter Mini-Doppelseiten, die ich auf einem einzigen, großen Blatt anordnete. So hatte ich einen anschaulichen „Buchfahrplan", ein Storyboard. Unser „Fahrplan" sollte einem Gang durchs Ötzi-Museum ähneln: Man spaziert von einem Ausstellungsstück zum nächsten, erfährt Schritt für Schritt Neues und versteht allmählich die Zusammenhänge.

Auch Kinder beeinflussten mich bei der Auswahl: Gerade als der Bauplan für das Ötzi-Buch entstand, besuchten diese drei Nachbarskinder das Südtiroler Archäologiemuseum. Sie waren von der Steinzeit-Technik so begeistert, dass sie zu Hause sofort Köcher, Pfeil und Bogen nachbauten. Da war für mich klar: Unser Buch muss eine Seite bekommen, die Schritt für Schritt zeigt, wie man einen Ötzi-Pfeil fertigt.

Handliche Hilfe: Zusätzlich zum Storyboard benutzte ich ein kleines „Musterbüchlein" (im Bild vorne), das mir schon während der Recherche hilfreich gewesen war. Ich trug es ständig bei mir und notierte Stichworte auf kleine, wieder abnehmbare Klebezettel. Zweifelte ich beispielsweise, ob Ötzis Bärenfellmütze zum Thema „Jagd" oder doch besser auf die Doppelseite „Bekleidung" passte, war das kein Problem: Ein Handgriff, und der Mützen-Zettel saß woanders! Diese Post-Its hatte ich bestimmt Hunderte Male in die Hand genommen und umgeklebt.

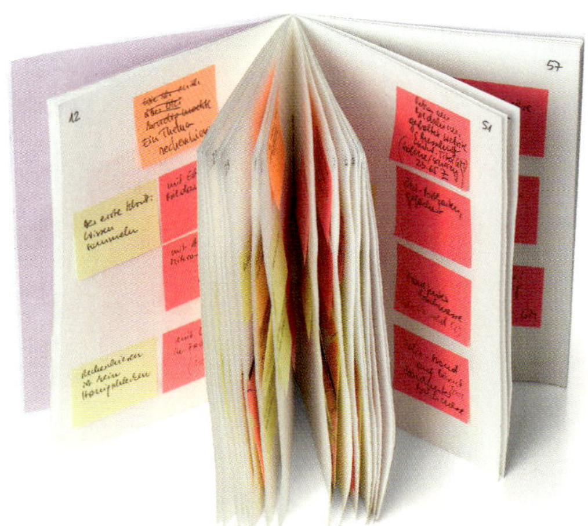

ENTWERFEN UND VERWERFEN Nun kam die Arbeit am Detail: Seite für Seite musste geplant werden. Ich zeichnete Bildskizzen, platzierte sie auf den Doppelseiten und machte in den verbliebenen Freiräumen Zeilen für die Texte. Diese konnte ich abmessen und in Text umrechnen: So wusste ich ziemlich genau, wie viel Platz zum Schreiben blieb. Doch der Text musste noch warten – als Nächstes kam das Fotografieren an die Reihe. Und dafür benötigte der Fotograf die Entwürfe. Daraus konnte er das Wichtigste ablesen: die Größe der Fotos, den Ausschnitt der Motive, die erforderliche Belichtung.

Nach und nach entsteht die Doppelseite „Grabungen im Gletschereis". Zunächst sah der Entwurf wenig überzeugend aus, aber allmählich nahm das Blatt Gestalt an. Dampfstrahler, Föhn und Schneeschaufel fanden ihren Platz. Dazwischen blieb Raum für den Text – Platz für ungefähr 300 Buchstaben. So wenig! Mit dieser Hand voll Schriftzeichen sollte ich erklären, warum die Archäologen bei den Grabungen im Gletschereis keine Bagger verwenden durften!

So sieht im fertigen Buch die Doppelseite über archäologische Grabungen aus.

Im Fotostudio

FOTOGRAF

KABELSALAT Vom Atelier des Fotografen, der die Fotos für das Buch machen sollte, war ich schwer beeindruckt: Der Raum hatte keine Fenster, dafür standen überall Scheinwerfer und technische Geräte herum – und alles war durch ein Gewirr von Kabeln miteinander verbunden. „Das ist meine Studioblitzanlage, damit kann ich" – so erklärte mir der Fotograf – „genau die Lichtverhältnisse herstellen wie ich sie will. Denn alles, was wir fotografieren, muss perfekt ausgeleuchtet sein. Da darf es keine dunklen Stellen geben. Manche Lampen stehen auf dem Boden und andere auf Stativen. Der große Scheinwerfer da oben an der Decke läuft auf Schienen; den kann ich über eine Fernsteuerung hin- und herbewegen. Aber mach dirs bequem, die Fotoarbeiten für dein Buch werden lange dauern."

ALLES MUSS PASSEN Ein gutes Foto wird nicht einfach geknipst. Es entsteht Schritt für Schritt, und jeden dieser Schritte muss der Fotograf genau vorbereiten und überprüfen. Das beginnt schon beim Platzieren des Foto-Objekts: Liegt der Gegenstand richtig? Welches Detail ist wichtig? Immer wieder wird seine Lage verändert, jedes Mal die Kamera neu eingestellt, jedes Mal die Entfernung gemessen und die Schärfe kontrolliert. Der Fotograf schraubt das Stativ tiefer oder höher, oft muss er dazu auf eine Leiter steigen. Dann werden an verschiedenen Punkten die Lichtverhältnisse gemessen. Jetzt erst weiß man, ob irgendwo noch ein Scheinwerfer zugeschaltet werden muss. Wenn alles passt, löscht der Assistent das Licht. Es ist zappenduster – bis der Fotograf auf den Auslöser der Kamera drückt. Grell blitzen die Scheinwerfer auf. Fertig? Von wegen! Das war erst ein Probefoto mit der Sofortbildkamera. Davon werden oft mehrere benötigt, bis die Belichtung passt. Und dann erst wird „richtig" fotografiert.

Ich bin ein Schusterjunge – so nennt der Drucker mich, weil ich eine unschöne, alleinstehende Zeile eines neuen Absatzes am Ende dieser Spalte bin; zugegeben, mich sollte man besser vermeiden.

Der Bergsteiger in Position: Er hat sich wie Ötzi hingestellt, aber der Fotograf ist noch nicht zufrieden. Immer wieder dreht er den Bergsteiger, bis die Haltung passt. Damit der Hintergrund weiß wird, steht das Model auf einer riesigen Papierleinwand. Der Fotograf darf das Papier nicht schmutzig machen, deshalb legt er einen Karton aus, bevor er drauftritt.

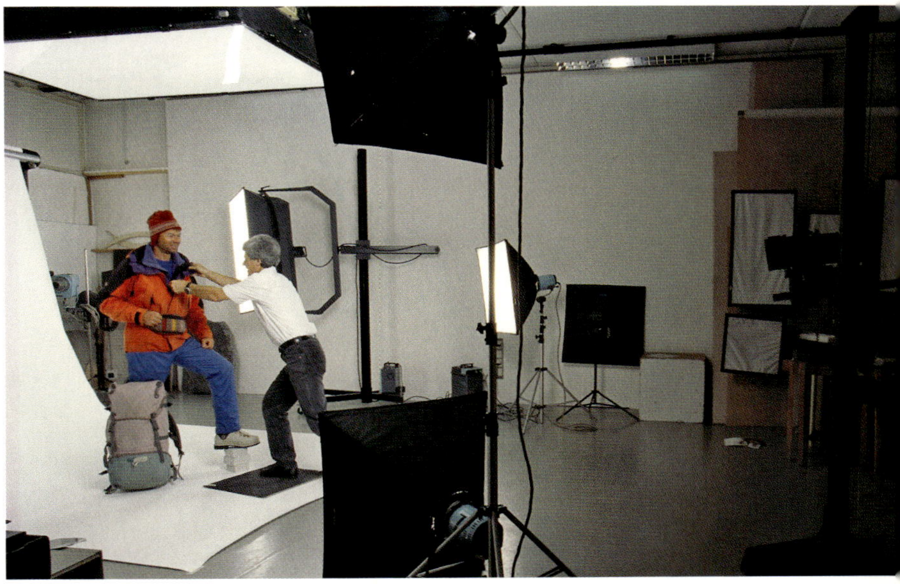

DIE MODELS KOMMEN Steinzeit-Technik ist wirklich faszinierend! Um das im Buch anschaulich zu machen, holten wir „Models" ins Studio. Sie sollten zeigen, wie gut die Menschen zu Ötzis Zeit Feuersteinklingen schärfen, Pfeile befiedern oder Feuer schlagen konnten. Oder wie perfekt sie für das Hochgebirge ausgerüstet waren. Ötzis Ausrüstung und eine moderne Bergausrüstung haben verblüffende Gemeinsamkeiten: Was Ötzi bei sich trug, sah zwar völlig anders aus als heute, funktionierte aber ähnlich. Für diesen Vergleich planten wir eine Doppelseite: links Ötzi, rechts ein Bergsteiger der Gegenwart, rundum angeordnet die Ausrüstung (siehe linke Seite). Das „Bergsteiger-Model" war ein Südtiroler Bergführer. Er sollte die gleiche Körperhaltung einnehmen wie die Ötzi-Rekonstruktion auf der linken Seite. Und der Hintergrund musste weiß sein. Auf diese „leere" Fläche wurden später von der Grafikerin die Bilder der Ausrüstungsgegenstände und die Texte platziert. Ein Bild „freistellen", so nennt man das Entfernen bzw. Weißmachen des Hintergrunds eines Bildmotivs.

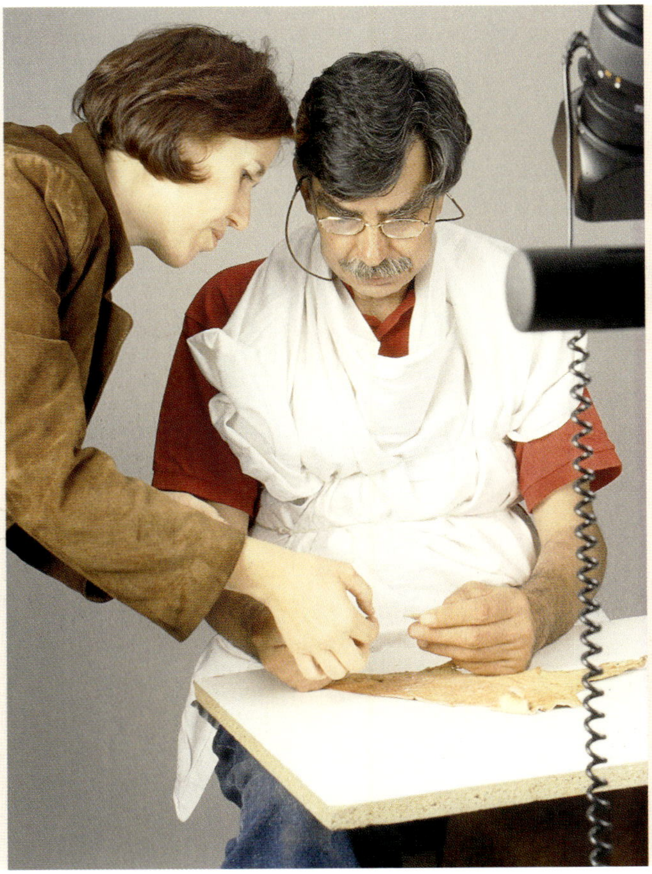

Der Archäotechniker im Fotostudio: Er ist Spezialist für die Herstellung und den Gebrauch alter Werkzeuge. Normalerweise benötigt er nur wenige Minuten, um – wie Ötzi – eine Pfeilspitze aus Feuerstein zu schlagen und zu schärfen. Für unser Buch saß er bereits zwei Stunden bei der Arbeit, da jeder Schritt fotografisch dokumentiert wurde. Plötzlich fuhr der Fotograf dazwischen: „Stop! Das rote Polohemd – und ich habe geblitzt! Da hat es bestimmt rötliche Reflexe auf dem hellen Feuerstein gegeben. So können wir das nicht machen!" Also musste ich dem verdutzten Techniker ein weißes Tuch umbinden und wir begannen wieder von vorne.

FEUER UNTER DEM DACH

Büchermachen kann gefährlich sein! Das erfuhr ich an dem Tag, als ein anderer Archäotechniker ins Fotostudio kam. Er war unser „Feuerschläger-Model" und sollte Schritt für Schritt zeigen, wie die Menschen der Steinzeit Feuer entfacht haben. Nun ist das ja nicht so einfach: Nicht immer sprühen auf Anhieb die Funken, wenn harter Pyrit gegen die scharfe Kante eines Feuersteins geschlagen wird. Nicht immer beginnt der Zunderschwamm gleich zu glimmen, wenn ein Funken auf ihn fällt. Ob es diesmal klappt? Unser Mann war von weit her angereist und hatte wenig Zeit. Da darf nichts schiefgehen, dachte ich mir, und legte vorsichtshalber eine Hand voll trockenen Zunderschwamms bereit, als Reserve, weit entfernt vom Feuerschläger. Aber ich hatte seine Schlagkraft unterschätzt! Nicht einen Funken, einen ganzen Funkenregen ließ er sprühen!

Niemand hatte gesehen, dass einer dieser Funken weit nach hinten, genau auf das „Reservehäufchen" gefallen war. Und niemand bemerkte, dass das Ganze zu glimmen begann ... bis es schließlich lichterloh brannte. Nun sahen wir das Malheur! Wo gibts Wasser zum Löschen! Wo ist ein Eimer? Und dann mussten wir auch noch eine ganze Weile warten, bis sich der Rauch aus dem Studio verzogen hatte.

AKTMODELL ÖTZI Außer dem kleinen Brand gab es aber nichts, was die Arbeit im Fotostudio störte. Trotzdem schafften wir durchschnittlich nur 15 Bilder pro Tag. Einige Fotos, die wir für das Ötzi-Buch benötigten, musste der Fotograf gar außerhalb seines Studios machen, beispielsweise im Museum. Da hieß es dann: Geräte ins Auto packen, hinfahren, alles vor Ort wieder abladen und aufbauen, Stromleitungen legen, weißen Hintergrund aufstellen – eigentlich immer wieder ein Studio neu einrichten. Das kostete viel Zeit. Besonders kompliziert waren die Fotoarbeiten in Ötzis Kühlkammer. Es ist nämlich gar nicht so einfach, eine tiefgefrorene Mumie in einem sterilen, kalten, feuchten und abgedunkelten Raum zu fotografieren!

1 Jeder Fototermin mit der Mumie begann mit der Fahrt ins Bozner Krankenhaus. Dort wurden sämtliche Geräte – Kamera, Stative, Leitern, Belichtungsmesser usw. – erst keimfrei gemacht und dann sorgfältig in Folien eingewickelt. Anschließend wurden sie in den sterilen Untersuchungsraum des Südtiroler Archäologiemuseums transportiert, sozusagen ins Vorzimmer von Ötzi. Hier packte der Fotograf die Geräte vorsichtig wieder aus, während Ötzis „Hausarzt" darauf achtete, dass alles keimfrei blieb.

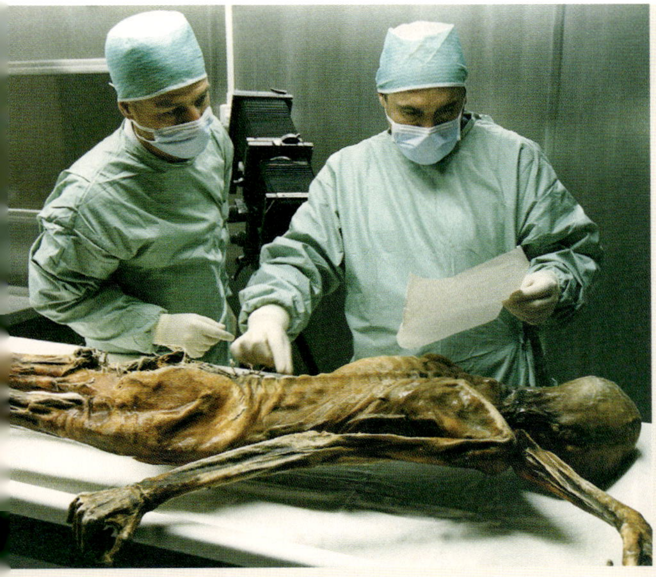

2 Dann gingen die beiden Männer in die Kühlzelle, vermummt vom Scheitel bis zur Sohle, wie Chirurgen. Die nächste Etappe der „Operation Mumienfoto" konnte beginnen: Regieanweisung besprechen. (Wenn ich bei einem Fototermin nicht dabei sein konnte, musste ich dem Fotografen die gezeichneten Entwürfe mitgeben und genau aufschreiben, wie ich die Fotos haben wollte: Perspektive, Ausschnitt, Größe, Details usw.). Der Fotograf musste ein Detail am Rücken fotografieren, aber nur der Arzt durfte die Mumie anfassen.

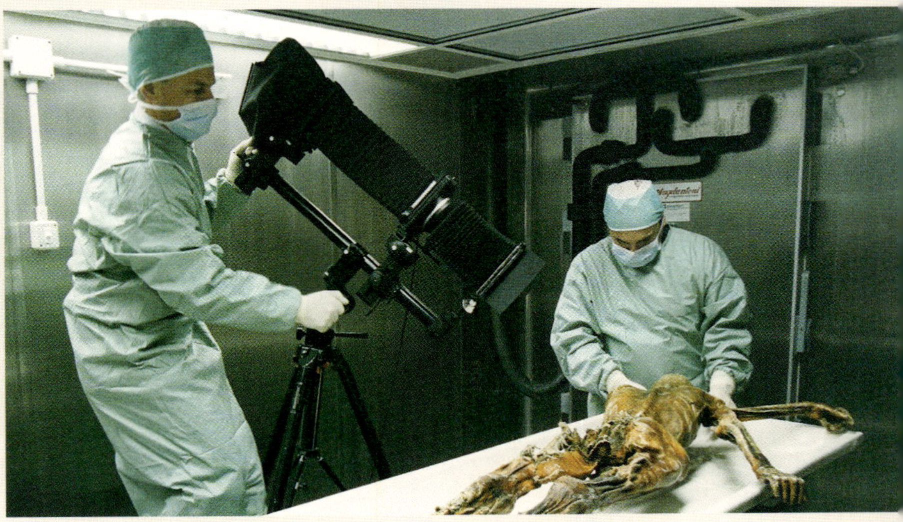

3 Jetzt erst konnte der Fotograf die Bilder schießen. Aber es gab Probleme: Die Luftfeuchtigkeit in der Ötzi-Box ist extrem hoch, deshalb beschlugen die Objektive der Kamera immer wieder. Außerdem hätte ich gerne eine Aufnahme aus der Vogelperspektive gehabt – unmöglich bei dieser geringen Raumhöhe! Auch Blitzlicht ist verboten – die Mumie könnte davon Schaden nehmen. Und dann darf nur an Montagen fotografiert werden, da ist das Museum nämlich für die Besucher geschlossen. So verging ein ganzer Monat, bis ich die Fotos der Mumie endlich in Händen hielt.

Bildauswahl mit der Grafikerin. 1 600 Bilder standen insgesamt zur Auswahl – aber „nur" 450 wurden in das Buch aufgenommen. Nun galt es, das beste Foto aus jeder Serie zu finden. Auf dem Leuchttisch nahmen wir die Details unter die Lupe. Oft fiel die Entscheidung wirklich schwer.

GUT UND TEUER Nicht alle Fotos wurden eigens für unser Ötzi-Buch angefertigt. Manche Bilder gab es bereits im Archiv des Südtiroler Archäologiemuseums, so etwa die Fotos von der Bergung der Mumie. Andere ließ ich mir von auswärts schicken: Da wurden E-Mails getauscht und Telefonate über den Ozean geführt. Aus dem grönländischen Nationalmuseum etwa forderte ich ein Foto des berühmten Inuit-Babies an; es war auf ähnliche Weise mumifiziert worden wie Ötzi – allerdings nicht vor 5 000, sondern vor 500 Jahren. Dieses Bild wollte ich unbedingt haben, obwohl es viel kostete.

Foto der kleinen Inuit-Mumie

Bilder kosten? Ganz richtig: Verwendet man in einem Buch ein Bild, das jemand anderer gemacht hat, muss man dafür die Bildrechte erwerben. Der Verlag bezahlt für das Recht, das betreffende Bild abdrucken zu dürfen. Je größer das Foto abgebildet wird und je höher die Auflage, desto mehr muss dafür berappt werden: manchmal einige hundert Euro, manchmal vielleicht nur 50 Euro, je nachdem, wie exklusiv das Motiv ist und wie aufwändig das Fotografieren war. Sehr teuer zum Beispiel können Flugaufnahmen sein oder eben Fotos berühmter Mumien. Es macht auch einen Unterschied, ob ein Foto prominent für den Umschlag oder klein im Innenteil eines Buchs verwendet wird.

Am Zeichentisch

BILDER AUS EINER ANDEREN WELT

Unser Buch sollte nicht bloß Fotos, sondern auch Zeichnungen enthalten. Fotos verwendeten wir für Ötzis Fundsachen, mit Zeichnungen veranschaulichten wir Ötzis Welt: wie die Menschen der Steinzeit auf die Jagd gingen, wie sie Kupfer schmolzen, wie sie Leder gerbten oder Matten flochten. Zeichnungen setzten wir auch dort ein, wo das Fotografieren schwierig geworden wäre: Das Raubtier, aus dessen Fell Ötzis Mütze gefertigt ist, vor die Kamera bitten …? Na ja.

KEIN ILLUSTRIEREN OHNE RECHERCHE Der Braunbär wurde also gezeichnet. Aber wie sieht so ein Ursus arctos eigentlich aus? Und soll der Jäger nun Pfeil und Bogen tragen, oder bekommt er einen Speer in die Hand gedrückt? Die Zeichnerin musste emsig recherchieren und sich mit mir beraten, ehe sie zum Stift greifen konnte. Und selbst dann lieferte sie nicht gleich fertige Bilder, sondern erst Skizzen, die gemeinsam besprochen und weiterentwickelt wurden.

ILLUSTRIEREN HEISST WÖRTLICH „ERLEUCHTEN" Welche Aufgabe haben die Illustrationen? Im Wort „erleuchten" ist es vorweggenommen: Sie erhellen und veranschaulichen, was im Text gesagt wird. Illustrationen konzentrieren sich auf die wesentlichen Informationen und klammern Nebensächliches aus; das ist beim Fotografieren nicht immer so einfach möglich. Zeichnungen können Ungleichzeitiges darstellen: Apfelblüte und Frucht auf einem Zweig zum Beispiel. Manchmal zeigen Bilder mehr, als im Text steht, und oft ersparen sie viele erklärende Worte. Illustrationen nennt man übrigens alle Bilder, die für einen Text fotografiert, gezeichnet oder gemalt werden.

Auch Bilder, nicht nur Texte werden korrigiert: Der erlegte Vogel war ursprünglich kanariengelb gefärbt. „Unmöglich", widersprach die wissenschaftliche Beraterin, „einen Vogel dieser Farbe und Größe gab es nicht in Ötzis Welt."

ILLUSTRATORIN

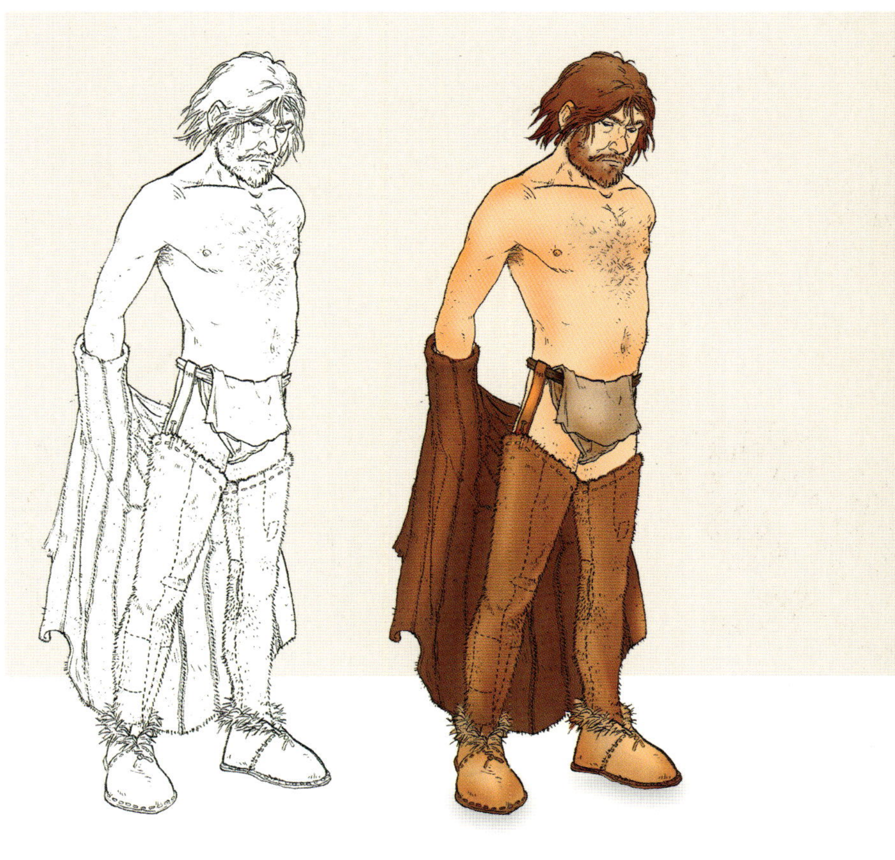

Die Schwarz-Weiß-Zeichnungen wurden im Grafikstudio eingefärbt.

Am Schreibtisch

Eine Doppelseite im Buch, deren Bilder sofort ins Auge springen. Damit die Texte anziehender wirken, bekommen sie einen aussagekräftigen Zwischentitel.

IN DER WÖRTER-WERKSTATT Wir hatten schon eine ganze Weile an unserem Buch gearbeitet: Pläne entworfen, Fotos geschossen, Zeichnungen koloriert – nun war der Text an der Reihe. Ich räumte mein Büro auf, tapezierte die Wände mit dem Storyboard, stapelte die Foto-Mappen in Reichweite, setzte mich an den Computer – und dachte erst mal lange nach. Was ich schreiben wollte, wusste ich, aber wie ich es ausdrücken sollte, musste ich mir erst Wort für Wort überlegen.

KOMPLIZIERTES EINFACH SAGEN – GAR NICHT SO EINFACH! Sachtexte für junge Leute zu schreiben ist kein Kinderspiel. Was darf ich an Wissen voraussetzen, was muss ich ausführlicher erklären? Es darf aber auch nicht zu ausführlich sein, sonst wird der Text langatmig. Also, möglichst präzis erklären mit möglichst wenig Worten. Und immer wieder prüfen: Ist der Satz verständlich? Muss ich dieses Fremdwort nicht doch ersetzen? Kann ich jene Einzelheit weglassen? Ist die Information dann noch korrekt? Versteht man den Zusammenhang, oder muss ich die Reihenfolge der Sätze ändern? Passt der Text zum Bild? Und wie leite ich zur nächsten Seite über?

ZWISCHENTITEL MIT REDEWENDUNG
„Doppelt (genäht) hält besser" ist eine geläufige Redensart. Sie ist einprägsam und bringt das, worauf es ankommt, auf den Punkt.

ZWISCHENTITEL MIT STABREIM
„Scharfe Schnitte" ist eine Alliteration. Gleiche Laute am Wortanfang gehen ins Ohr und bleiben leichter im Gedächtnis haften.

ZWISCHENTITEL MIT ANFÜHRUNGSZEICHEN
„Rotationsflügel" ist ein technischer Begriff, den man von Hubschraubern kennt. Hier ist er zur Beschreibung der Steinzeittechnik entliehen und steht deshalb unter Anführungszeichen. Was hat ein Hubschrauber mit der Steinzeit zu tun? Das macht neugierig – sogar auf Kleingedrucktes.

Es gab Tage, da kamen die Sätze wie von selbst, da benutzte ich nicht einmal den Duden Nr. 8, um sinn- und sachverwandte Wörter zu finden und nicht immer dieselben Begriffe zu benützen. Aber manchmal ging gar nichts: kein zündender Gedanke, kein treffendes Wort und am Computer-Bildschirm gähnende Leere. Dann trieb ich Sport, bis mein Kopf wieder frei war – oder plünderte den Kühlschrank ...

So, dieser Absatz ist gelungen! Noch rasch ein Blick auf das Foto, dann auf den Bauplan an der Wand: Verflixt – zu lang, an dieser Stelle ist ein großes Bild vorgesehen! Ich muss kürzen, Buchstaben zählen, nochmals kürzen und Abschied nehmen von bereits fertigen Sätzen.

Meine Beraterin – Archäologin und Ötzi-Fachfrau – überprüft den Text über das Schärfen von Feuersteinklingen.

WEM GEHÖRT EIN TEXT? Autor kommt vom lateinischen auctor, das bedeutet Urheber, Verfasser. Wer einen Text verfasst (oder ein Musikstück komponiert, ein Bild malt, einen Film dreht ...), der ist Urheber, also Schöpfer eines Werkes. Dieses Werk ist sein geistiges Eigentum und durch ein eigenes Gesetz geschützt. Der Autor hat das Recht zu bestimmen, ob und in welcher Form sein Werk veröffentlicht wird. Er kann dieses Recht auch auf bestimmte Zeit weitergeben, zum Beispiel an einen Buchverlag.

IMMER BEI DER SACHE BLEIBEN Vier Monate lang hatte ich geschrieben, gekürzt und verändert – nun war der Text fertig, das Manuskript lag vor mir. Übrigens, etwas „mit der Hand Geschriebenes“ ist das „manu scriptum“ längst nicht mehr. Ich ging also mit einem Computerausdruck meines Textes zu meiner wissenschaftlichen Beraterin, die ihn überprüfte: nicht auf Rechtschreib-, sondern auf inhaltliche Fehler. In einem Sachbuch müssen nämlich alle Informationen stimmen, da haben Ungenauigkeiten und Spekulationen nichts verloren!

Das Manuskript wird geprüft

LEKTOR

Beim Korrigieren von Texten verwendet der Lektor einheitliche Korrekturzeichen. Sie müssen eindeutig sein und immer auf dem Rand wiederholt werden. Wenn der Lektor einen Buchstaben ersetzem will, streicht er den falschen durch und ersetzt ihn auf dem Rand durch den richtigen. Soll ein Buchstaben oder gleich ein ganzes Wort ~~ganz~~ gelöscht werden, gibt es dafür das Tilgungszeichen. Fehlt ein Wort, wird das mit einem Winkelzeichen angemerkt und dem Rand ergänzt; ähnlich wird vorgegangen, wenn ein Satzzeichen fehlt, nur wird dann noch der vorangehende Buchstabe wiederholt Auch für fehlende Abstände gibtes ein bestimmtes Zeichen; ist dagegen der Abstand zu weit geraten oder soll er ganz weg fallen, kommen zwei weitere Zeichen zum Einsatz. Das Umstellungszeichen an zeigt, dass zwei Wörter verdreht wurden. Wenn Wörter gleich mehrere geraten durcheinander sind, stellen Ziffern die richtige Reihenfolge her. Soll der folgende Satz einen neuen Absatz einleiten, kann das ebenfalls eindeutig angezeigt werden. Korrigiert der Lektor einmal etwas versehentlich falsch, setzt er mehrere Pünktchen unter die betreffende Stelle und streicht ~~die~~ eigene Korrektur auf dem Rand durch, um den Irrtum rückgängig zu machen. Weitere Anleitungen, wie man Texte korrigiert, stehen vorne im Rechtschreibduden.

UNTER DER LUPE Einem Manuskript ergeht es ähnlich wie einem Schulaufsatz: Bevor es in Druck geht, wird es korrigiert. Mein Manuskript war bereits durch die Hände der Fachberaterin gegangen und frei von sachlichen Fehlern. Jetzt aber wurde es auf Herz und Nieren geprüft. Das war die Arbeit des Lektors. Er las den Text sehr genau durch und fand noch viele Stellen, die nicht in Ordnung waren. Mir wären sie nicht mehr aufgefallen – die eigenen Fehler übersieht man gern.

SCHREIBEN KANN MAN LERNEN Rechtschreib- und Grammatikfehler verbesserte der Lektor ohne Rücksprache. Auf Denkfehler, Wortwiederholungen und aufgeblähte Formulierungen machte er mich aber aufmerksam: „Es freut den Leser, wenn statt dreimal hintereinander ‚etwas gemacht', auch mal etwas ‚erledigt' oder ‚besorgt' wird. Und statt umständlich ‚zu einem späteren Zeitpunkt' kannst du auch einfach ‚später' schreiben." Überall, wo ich mich unklar oder missverständlich ausgedrückt hatte, schlug er mir eine bessere Formulierung vor. Oft machte er aus einem langen Schachtelsatz einfach zwei übersichtliche, leicht verständliche Sätze.

„LEKTOR" HEISST „LESER" „Ein Traumjob. Da wird jemand dafür bezahlt, dass er lesen darf!" So dachte ich früher über den Beruf des Lektors. Inzwischen weiß ich: Lektorieren ist Knochenarbeit! Ein Lektor hat viel mehr zu tun als Texte zu korrigieren und zu bearbeiten. Er muss erst mal alles lesen, was auf seinem Schreibtisch

Vorher	Nachher	Warum?
An der Straßengabelung nicht links abbiegen.	**An der Straßengabelung rechts abbiegen.**	Sagen, was zu tun ist, nicht, was nicht zu tun ist.
Das war sozusagen sein schlimmstes Erlebnis und für ihn eine echte Katastrophe.	**Das war sein schlimmstes Erlebnis und für ihn eine Katastrophe.**	Nichtssagende Füllwörter streichen; dazu gehören etwa, gewissermaßen u. v. a.
Zum jetzigen Zeitpunkt ist das ein Ding der Unmöglichkeit.	**Jetzt ist das unmöglich.**	Die Dinge einfacher sagen, auf leeres Geschwätz verzichten.
Sie war der festen Überzeugung, dass sofort gezielte Maßnahmen zu ergreifen waren.	**Sie war überzeugt, dass sofort Maßnahmen zu ergreifen waren.**	Nutzlose Adjektive streichen: Eine Überzeugung sollte grundsätzlich fest sein und Maßnahmen hoffentlich gezielt.
Unter der Asche brennt die Kohle noch schwach.	**Unter der Asche glimmt die Kohle.**	Den Schatz schöner und präziser Verben ausschöpfen.
Wir sollten diese Frage thematisieren.	**Wir sollten diese Frage aufgreifen.**	Abgegriffene Verben durch einfache ersetzen.
Es war grässliches Wetter und die Bäume bogen sich im Sturm.	**Es goss in Strömen und der Sturm beutelte die Palmen.**	Abstrakte Begriffe (Wetter, Bäume) durch konkrete Beispiele ersetzen.
Zwanzig Menschen sind ums Leben gekommen.	**Der Amokläufer hat zwanzig Menschen umgebracht.**	Aktiv statt Passiv; außerdem wollen wir wissen, wer schuld ist.
Selfservice, Swimmingpool	**Selbstbedienung, Schwimmbecken**	Importe aus anderen Sprachen sind häufig verzichtbar.

Weitere Tipps, wie Texte verständlicher werden, verrät Wolf Schneider in seinem Buch „Deutsch fürs Leben. Was die Schule zu lehren vergaß".

landet. Unter all den Manuskripten wählt er jene aus, die veröffentlicht werden sollen. Selbst bei einem kleinen Verlag, der nur 30 Titel pro Jahr macht, können mehrere Hundert Manuskripte unverlangt eintrudeln. Davon wird im besten Fall ein Prozent als Buch verwirklicht, denn viele passen einfach nicht ins Programm: Wenn ein Verlag sich auf Reiseführer spezialisiert, macht er keine Pferdebücher. Der Lektor des Reisebuchverlags sucht vielmehr Autoren, mit denen er beispielsweise eine Buchreihe ausbauen kann, oder er sucht neue Themen, die reisefreudige Menschen ansprechen könnten. Hat ein Lektor sich für ein Buch entschieden, betreut er es von Anfang bis Ende – von der Idee bis zum Druck. Um dabei die Autoren, Illustratoren und Gestalter beraten zu können, muss der Lektor ein breites Wissen haben – und Durchsetzungsvermögen, wenn es darum geht, dafür zu sorgen, dass alle die Termine einhalten und das Buch zum geplanten Zeitpunkt erscheint.

Manche Eingriffe in den Text wurden gemeinsam besprochen: Satz für Satz, Wort für Wort. Da wurde nachgefragt, diskutiert und neu formuliert, bis beide zufrieden waren.

Die Bilder werden bearbeitet

DIE TEXTE SIND FERTIG! Zwei Wochen lang saß ich an der Verbesserung meines Manuskripts, dann war es endlich druckreif. Zum Buchdrucker kam es da allerdings noch lange nicht. Vorher mussten die Texte und die Bilder am Computer zusammengefügt werden, das nennt man umbrechen. Beim Umbruch werden die Seiten am Bildschirm so gestaltet, wie sie später im Buch erscheinen. Aber auch für diesen Arbeitsschritt fehlte noch etwas: Die Fotos waren noch zu scannen, zu digitalisieren! Und bei den meisten Bildern musste außerdem der Hintergrund des Hauptmotivs entfernt werden. Diese Scan- und Freistellarbeit erledigte der Medientechniker.

Das Bild dieser Chancay-Mumie war freizustellen, das heißt, der blaue Hintergrund musste in akribischer Kleinarbeit am Computer entfernt werden. Das war vor allem beim feingliedrigen Federkopfputz eine Geduldsprobe und setzte eine ruhige Hand voraus.

Im Südtiroler Archäologiemuseum: Das Bild zeigt den Raum, in dem die Kühlanlage steht. Dieses Motiv sollte der Medientechniker freistellen. Über eine Stunde lang musste er retuschieren, bis zwischen all den Rohren der Boden, die Decke und die Wände entfernt waren.

Der Hintergrund der Kühlanlage ist jetzt gelöscht, die Maschine tritt deutlich hervor und das Bild lässt sich besser in die Doppelseite einbauen.

Freigestellte Objekte haben gegenüber dem Originalbild eine ganz andere Wirkung.

Bei jedem einzelnen Bild gab der Hersteller dem Medientechniker präzise Anweisungen (zum Beispiel für das Bild mit den Schafen): „Dieses Foto bitte in 43 cm Breite scannen; die Schafe links vorne laut beiliegender Skizze freistellen. Das stahlblaue Weiß des Schnees muss dabei fließend ins milchige Weiß des Papiers übergehen.“

EINER ZIEHT DIE FÄDEN Da diese Fachleute in der Regel außerhalb des Verlags arbeiten, braucht es im Verlag ein Bindeglied zu den technischen Betrieben. Das ist der Hersteller. Er kümmert sich darum, dass aus den Manuskriptblättern und Fotos ein richtiges Buch wird. Er wählt die passenden Materialien aus (z. B. das Papier, oder die Pappe für den Einband) und sucht die geeigneten Betriebe, mit denen das Projekt umgesetzt wird. Dabei behält er stets die Kosten und Termine im Auge und holt Preisangebote von mehreren Firmen ein. Ein Hersteller muss also gut organisieren und gut rechnen können; er muss aber auch jeden Schritt der Produktion genau überwachen. Schließlich soll das Buch kostengünstig hergestellt und perfekt gestaltet, gedruckt und gebunden sein – und außerdem rechtzeitig in die Buchhandlung kommen.

HERSTELLER

MEDIENTECHNIKER

AM SCANNER Da stand ich nun hinter dem Medientechniker und staunte über die Geschwindigkeit, mit der er den Computer-Pinsel einsetzte. Mit wenigen Mausklicks schnitt er einen Bildrand weg, hellte da eine Farbe auf, fügte dort einen Schatten hinzu. Beinahe hätte ich vergessen ihn zu fragen, wie das Bild überhaupt in den Computer hineinkommt. Er deutete in Richtung einer großen Maschine: „Mit diesem Scanner dort – ein fantastisches Gerät!"

VIER FARBEN FÜR EIN BUNTES BILD

Der Drucker erklärte mir, dass eine Druckmaschine aus vier international einheitlichen Grundfarben bunte Bilder drucken kann; die vier Farben heißen: Cyan ■, Magenta ■, Yellow ■ und Key ■. Aus diesem Grund müssen die eingescannten Bilder im Computer in diese vier Farben zerlegt werden. Beim Drucken werden die Farben nacheinander übereinander gelegt: Druckt man etwa Yellow über Cyan, nimmt unser Auge einen grünen Farbton wahr; bei Yellow auf Magenta sehen wir Rot! Also, das leuchtete mir ja ein. Aber wie entstehen die vielen Zwischenfarben, Hellblau zum Beispiel?

Der Medientechniker hat verschiedene Originalvorlagen, die digitalisiert werden sollen, auf dem Zylinder des Trommelscanners befestigt. Sobald der Zylinder rotiert, tastet ein fotoelektrisches „Auge" das Bild Punkt für Punkt ab. Dabei werden seine Farben und seine Hell-Dunkel-Kontraste in winzige Punkte zerlegt. Ein Trommelscanner hat dabei ein schärferes Auge als ein Flachbettscanner, er kann mehr Informationen lesen. Die digitalen Informationen übermittelt der Scanner an den Computer.

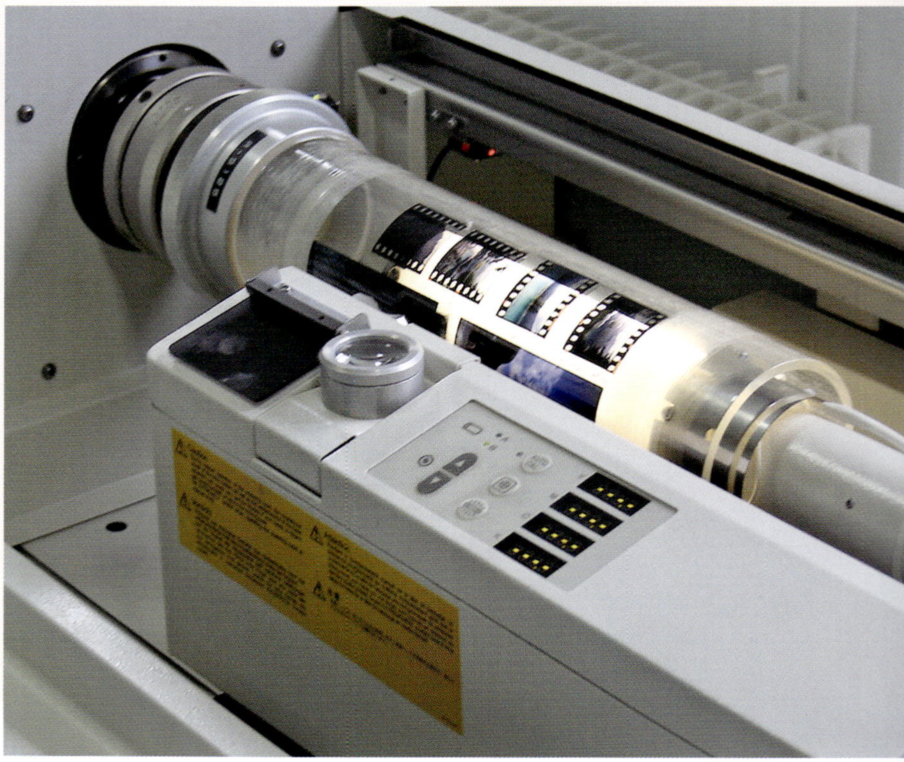

Das Bild einer Himbeere in seine vier Druckfarben (CMYK) zerlegt.

Auf diesem stark vergrößerten Ausschnitt eines Bildes ist das Durcheinander der übereinander gedruckten Rasterpunkte gut zu erkennen.

LAUTER KLEINE PUNKTE „Hellblau im Vierfarbdruck ist eigentlich eine optische Täuschung. Wir meinen nur, Hellblau zu sehen“, erklärte mir der Medientechniker. „Tatsächlich sind das lauter kleine Cyan-Pünktchen, zwischen denen das Weiß des Papiers durchscheint. Aus gewisser Entfernung wirkt das für uns wie Hellblau: Je kleiner die Farbpünktchen sind und je weiter sie auseinander liegen, desto heller wirkt die (eigentlich immer gleiche) Farbe. Die Pünktchen nennen wir übrigens Rasterpunkte. Du wirst sie mit einer Lupe auf jedem gedruckten Bild wiederfinden.“

BEISPIELE FÜR MISCHFARBEN:

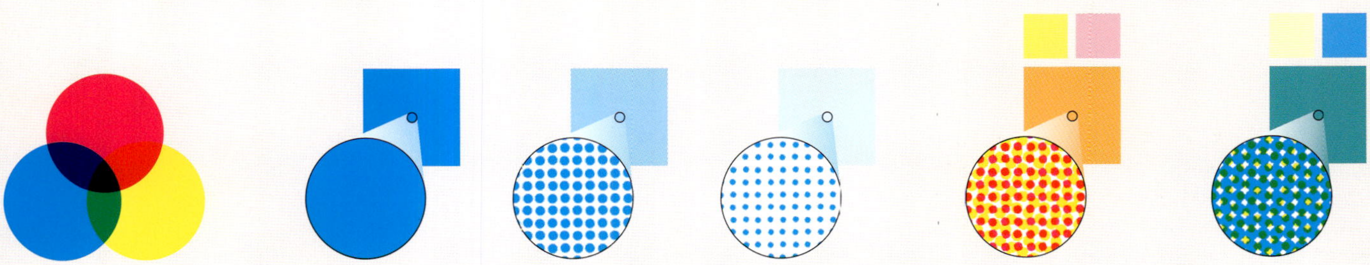

Vollflächiges Cyan (100 %)

50 % Cyan, nur die Hälfte der Papierfläche ist mit Cyan-Pünktchen bedruckt

20 % Cyan, nur ein Fünftel der Papierfläche ist mit Cyan-Pünktchen bedruckt

80 % Yellow + 50 % Magenta = Orange

40 % Yellow + 90 % Cyan = Türkis

Bilder und Texte kommen zusammen

DIE BILDER STEHEN BEREIT! Irgendwann war auch das letzte der 450 Bilder gescannt, bearbeitet, kontrolliert und korrigiert: Jetzt war die Grafikerin am Drücker: Auf ihrem Tisch stapelten sich neben der CD mit den korrigierten Texten die CDs mit den digitalisierten Bildern. Damit standen die „Zutaten" für das Buch bereit; jetzt mussten sie am Computer gekonnt kombiniert werden. Dabei – also beim Umbruch – hatte die Grafikerin eine schwierige Gratwanderung zu meistern: Sie musste einerseits die Bilder an die inhaltlich richtige Stelle setzen, andererseits darauf achten, dass die Bilder auch zueinander passten und die Doppelseiten ausgewogen aufgebaut und schön wirken.

Ich bin in der Druckersprache **eine Witwe**, nämlich dieses einsame halbe Wort in der letzten Zeile des Absatzes, und ich schau gar nicht gut aus.

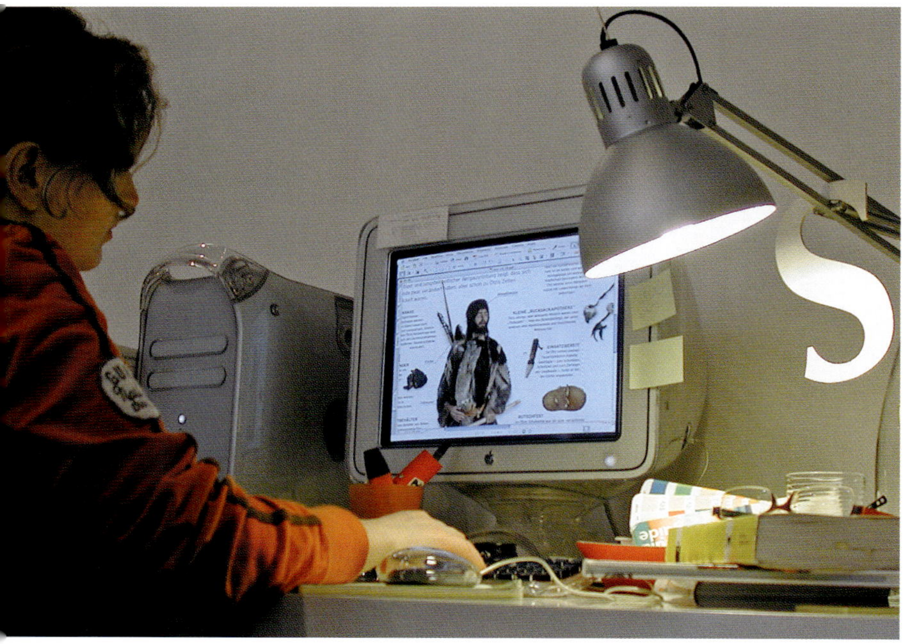

Viel Geduld erfordert das Positionieren der Texte. Sie werden nämlich nicht einfach in Spalten gesetzt, sondern an das Bild angeschmiegt. Wenn die Grafikerin ein Bild nachträglich etwas verschiebt, muss sie auch den Text „nachrücken", also den ganzen Textblock neu anpassen. Sie muss Abstände neu einrichten, Zeilen-Enden neu bestimmen, Wörter anders trennen und aufpassen, dass dabei kein Buchstabe verloren geht.

Das Grundlayout ist schon längst entworfen. Anhand dieser Vorlage gestaltet die Grafikerin nun alle Doppelseiten. Die vielen Hilfslinien erleichtern es ihr, den Raum einzuteilen und die Abstände richtig einzuschätzen.

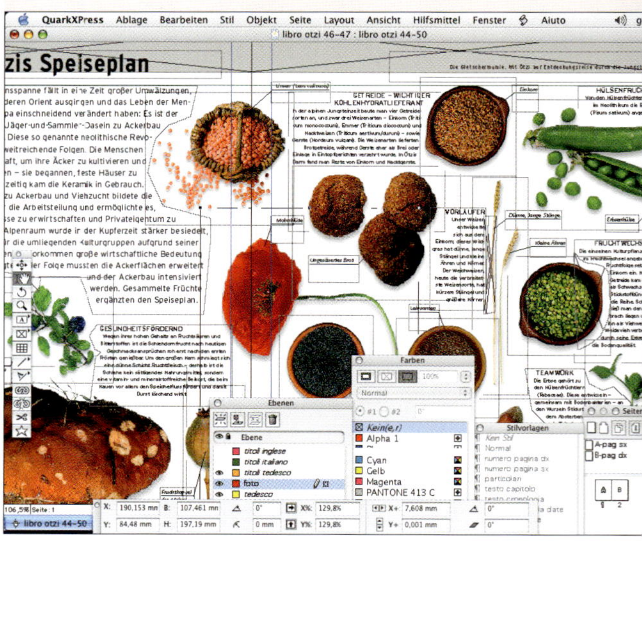

GRAFIKERIN

IM GRAFIKSTUDIO Hier lief alles zusammen: Entwürfe wurden abgeholt, Druckproben hereingebracht, an den Tischen wurde skizziert, diskutiert und korrigiert. Die Grafikerin saß unterdessen ruhig am Computer und gestaltete sorgfältig und konzentriert Seite für Seite. Sie platzierte die Bilder, fügte die Texte dazu, stellte aber auch immer wieder eine Seite völlig um, wenn sie nicht zufrieden war. Mir hingegen wurde schwindlig, wenn ich bloß an die vielen Programme dachte, zwischen denen sie hin- und hersprang! Bisher hatte ich geglaubt, eine Grafikerin müsse sich nur mit Schriften und Farben gut auszukennen.

DIE EINE HAND MUSS WISSEN, WAS DIE ANDRE TUT Wer am Computer gestaltet, benötigt viele verschiedene Programme – je nachdem, was gerade ansteht: Texte schreiben (Word), Zeichnen (Illustrator, Freehand), Bilder bearbeiten (Photoshop) oder die einzelnen Teile zusammenfügen (Quark Xpress, Indesign). Da ist es wichtig, alle diese Programme samt ihren Tücken und Neuerungen gut zu beherrschen. Außerdem geht das, was im Grafikstudio entsteht, direkt in die Druckerei: Deshalb muss ein Grafiker auch vom Buchdruck etwas verstehen und die Dokumente so vorbereiten, dass sie mit den Programmen des Druckers übereinstimmen.

Die Cover-Gestaltung ist besonders wichtig. Schließlich ist der Umschlag das erste, was man in der Buchhandlung von einem Buch wahrnimmt. Und weil dort lauter Bücher stehen, die auch gekauft werden wollen, muss ein Umschlag auffallen, sich unterscheiden. Und er muss sofort, klar und einfach vermitteln, worum es im Buch geht. Er muss neugierig machen, die Gefühle der Käufer ansprechen. Die Grafikerin überlegt sehr genau: Welche Atmosphäre schaffe ich: eine gruselige, eine kühle? Welche Bildmotive, welche Farben, welche Schrift eignet sich dafür? Und wie zeige ich, dass es in diesem Buch sehr viele und knapp gehaltenen Informationen zu einem einzigen Thema gibt? Viele Fragen, viele Entwürfe.

KOPFLEISTE
Balken am oberen und unteren Seitenrand halten die Seite zusammen. Sie bilden den Rahmen für die frei platzierten Fotos und Texte.

ÜBERSCHRIFT
Sie ist groß, fett und dominant und verrät sofort, worum es auf dieser Doppelseite geht.

HAUPTTEXT
Er führt in das neue Thema ein. Damit er sofort als Einleitung erkannt wird, ist er in größerer Schrift gesetzt. Er steht links oben, denn dort beginnen – zumindest in unserem Kulturraum – die meisten Menschen mit dem Lesen. Japaner zum Beispiel fangen rechts oben an.

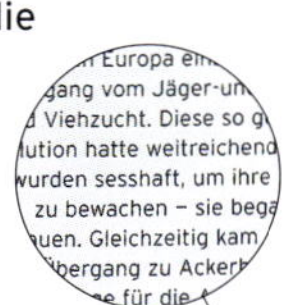

ZWISCHENTITEL
Er soll das Interesse auf den nachfolgenden Text lenken. Damit er ins Auge springt, ist er in Großbuchstaben (Versalien) gesetzt.

BILDTEXT
Der Text ist nicht im Block, sondern in Form gesetzt, das heißt, er schmiegt sich an das dazugehörende Bild an und bildet mit ihm eine Einheit. Dadurch erscheint der Text als eine Bild-Beigabe, und Bildtexte – sogenannte Legenden – werden in der Regel bereitwilliger gelesen als ein langer fortlaufender Text.

WIE EINE DOPPELSEITE AUFGEBAUT IST

FREIRAUM
Er schafft „Luft" für das Auge und verhindert, dass die Seite vollgestopft und chaotisch wirkt.

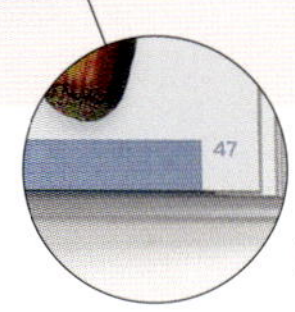

FUSSLEISTE
Der untere Rand vom Rahmen, der die Seite zusammenhält.

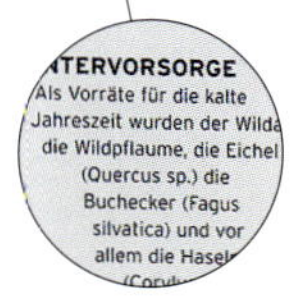

SCHRIFTGRÖSSE
Der Text ist in verhältnismäßig kleiner Schrift gesetzt – für mich als Autorin ein großer Vorteil: Ich kann mehr Information unterbringen und mir bleibt Platz, um Kompliziertes einfacher darzustellen.

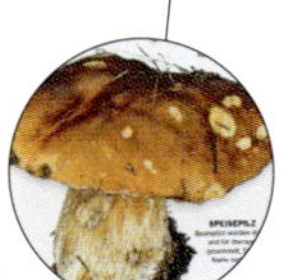

BLICKFANG
Ein großes Bild pro Doppelseite steuert den Blick des Lesers und lädt ihn ein, auf dieser Seite zu verweilen.

TEXTBLOCK
Der Text ist in Blöcke aufgeteilt. Das ergibt viele kurze Bausteine, die auch ein Wenigleser bewältigen kann.

SCHATTEN
Alle freigestellten Fotos haben einen Schatten. Dadurch wirken die Fotos plastischer, fast wie zum Anfassen.

Ich bin die Mitte eines der vier 16-seitigen Bogen dieses Buchs. Deshalb sieht man hier links im Bund die Fadenheftung; genauso wie auf den Seiten 8/9, 24/25 und 56/57.

In der Druckerei

Drucken ist teuer. Deshalb versucht man, auf großen Papierbogen möglichst viele Seiten in einem Durchgang zu drucken. Bei der „Gletschermumie" waren es auf einer Bogenseite acht Buchseiten, es gibt aber auch Maschinen, die 16, 32 oder 48 Seiten dieser Größe gleichzeitig drucken können. Nach dem Drucken werden die Bogen in der Binderei gefalzt. Damit die Seiten nach dem Falzen in der richtigen Reihenfolge liegen, ist es notwendig, sie beim Drucken nach einem bestimmten System anzuordnen: Das nennt man Ausschießen.

WARUM BEIM DRUCKEN MANCHES KOPF STEHT Die Arbeit der Grafikerin war jetzt abgeschlossen, „Die Gletschermumie" druckfertig. Mein nächster Weg führte in die Druckerei. Den Besuch dort hatte ich mir höchst dramatisch vorgestellt, und jetzt ... keine mächtigen Maschinen, kein ätzender Geruch, kein Dröhnen und Stampfen – nur ein Büro! Ich war ziemlich enttäuscht. „Wart's ab", vertröstete mich der Hersteller, „das ist erst die Druckvorbereitung." Er führte mich zu einem jungen Mann, der an einem Computer die Buchseiten der „Gletschermumie" neu ordnete. Seltsam, dachte ich, da stimmt ja die Reihenfolge nicht, und die Hälfte der Seiten steht auf dem Kopf! Mein Begleiter lachte: „Keine Sorge, der macht das schon richtig. Das ist später fürs Buchbinden wichtig." Dann erklärte er mir das Ausschießen – so heißt diese Arbeit – und benutzte dazu ein Blatt Papier, das er dreimal falzte und zu einem 16-seitigen Heft schnitt.

WAS MIT DEN PROOFS GEPRÜFT WIRD Jetzt wusste ich, dass nicht einzelne Buchseiten gedruckt werden. Aber wie kommen diese Seiten aufs Papier? Mit welchem „Stempel" wird gedruckt? Das sollte ich im nächsten Raum erfahren, wo die Druckformen hergestellt werden. Auf dem Weg dorthin wurde meinem Begleiter ein großer Umschlag in die Hand gedrückt: „Ach, die Proofs, danke! Weißt du", sagte er zu mir, „das sind Probeausdrucke eines hochwertigen Tintenstrahldruckers. Damit können wir verlässlich kontrollieren, ob die Farben der Bilder stimmen. Am Bildschirm sehen die Farben nämlich immer etwas anders aus als auf dem bedruckten Papier."

Bei unserem Ötzi-Buch war die Kontrolle der Proofs besonders wichtig – schließlich enthält es über 400 farbige Bilder! Der Hersteller verglich die Proofs sehr genau mit den Originalen und beriet sich mit dem Fotografen. Wo die Farben nicht ganz entsprachen, wurden dem Medientechniker Korrekturanweisungen gegeben.

Die CTP-Maschine: Hinten eine blaue belichtete Druckplatte, vorne eine zweite, bereits entwickelte, wo die nichtdruckenden Stellen bereits entfernt sind.

Der Papiereinzug: An dem einen Ende der Druckmaschine steht eine Palette mit unbedrucktem Papier. Die einzelnen Papierbogen werden von Saugnäpfen erfasst und von der Maschine blitzschnell eingezogen.

Der Drucker an der Offset-Druckmaschine. Er zeigt uns die Druckplatte, die bereits in die Druckmaschine einspannt ist.

WAS BEDEUTET OFFSET?

Offset ist ein Flachdruckverfahren. Das Wort ist vom englischen „to set off“ abgeleitet und bedeutet absetzen. Beim Offsetdruck wird nämlich die Farbe nicht direkt von einer Vorlage (der Druckplatte) aufs Papier gedruckt, sondern zunächst auf ein Gummituch und von dort erst auf das Papier übertragen (= abgesetzt). Es wird indirekt gedruckt, nicht direkt wie beim Hochdruck. Beim Kartoffeldruck zum Beispiel – einem einfachen Hochdruckverfahren – drückt man den eingefärbten Stempel (wo die druckenden Stellen höher liegen) direkt auf das Blatt. Offset baut darauf, dass Wasser und Fett sich nicht vermischen: Wasser und fetthaltige Druckfarbe stoßen einander sogar ab. Die druckenden Flächen der Platte (Texte und Bilder) sind so behandelt, dass sie kein Wasser, deshalb aber Farbe aufnehmen. Die übrigen Flächen, die leer bleiben sollen, lassen sich anfeuchten, folglich stoßen sie die Druckfarbe ab.

WIE DRUCKPLATTEN HERGESTELLT WERDEN Als nächstes kamen wir zu einem riesigen Gerät. „Unsere Druckplattenbelichtungsmaschine“, erklärte mir ein Mitarbeiter und zeigte auf den Schriftzug „Computer-to-plate“ (CTP). „Da drinnen werden die ausgeschossenen Buchseiten vom Bildschirm des Computers direkt auf Aluminiumplatten übertragen.“

Sehen konnte ich das freilich nicht, aber ich erfuhr, dass diese Druckplatten speziell beschichtet sind und dass sie im „Bauch“ der Maschine belichtet und anschließend entwickelt werden. „Von einem Laserstrahl

VEREINFACHT DARGESTELLTES DRUCKWERK

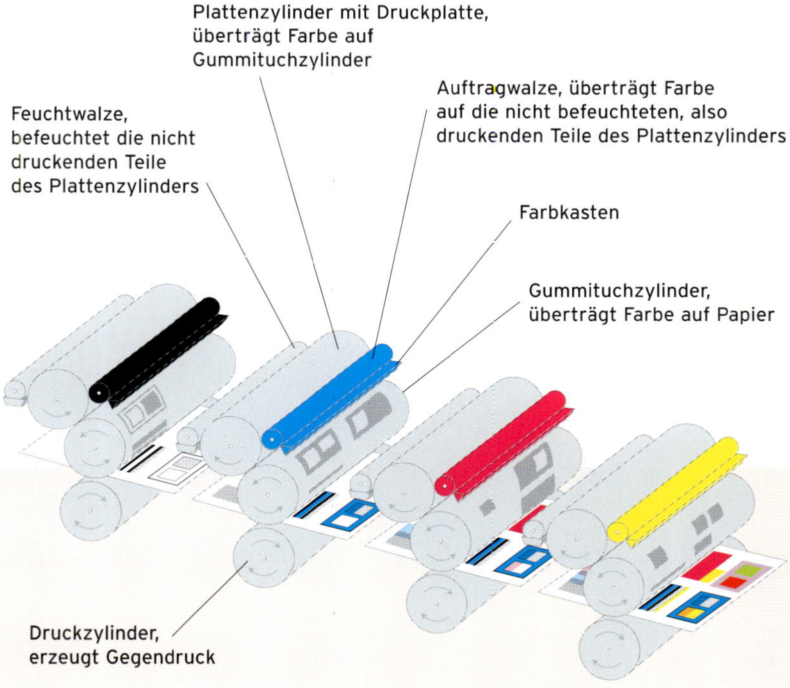

Die Druckmaschine von oben gesehen: Die Farbkästen mit den Druckfarben Yellow, Magenta, Cyan, Key (verdeckt).

getroffen, also belichtet", erklärte mir der Hersteller, „werden dabei jene Flächen der Platte, die später nicht drucken sollen. Im Entwickler wird an diesen Stellen die Spezialbeschichtung entfernt, wodurch diese in der Druckmaschine die Druckfarbe abstoßen. An allen übrigen Stellen (die mit den Texten und Bildern) nimmt die Druckplatte Farbe an. Die fertige Offsetplatte hat somit druckende und nicht druckende Stellen auf derselben Ebene. Deshalb sagen wir zum Offsetdruck Flachdruck." Aha, so war das also!

AN DER OFFSET-DRUCKMASCHINE

Während ich allerlei über Druckformen und Druckverfahren erfuhr, kam der Drucker herein, um die fertigen Druckplatten abzuholen und mich in die eigentliche Druckerei zu begleiten. Da stand sie nun endlich, die Offset-Druckmaschine, mitten in der Halle, und war noch größer und eindrucksvoller als ich sie mir vorgestellt hatte. Sie war gewiss zwei Meter breit und über zehn Meter lang – ein Ungetüm! „Die muss auch was leisten", erklärte mir der Mann an der Maschine, „12 000–16 000 Bogen werden damit in einer Stunde bedruckt."

Der Druck des Ötzi-Buchs wurde laufend kontrolliert, sogar des Nachts, denn die Druckmaschine lief in drei Arbeitsschichten praktisch ohne Unterbrechung drei Tage und vier Nächte lang. Zuletzt wurde der Umschlag gedruckt; dieser wurde dann noch mit einer dünnen, durchsichtigen Schutzfolie überzogen, das heißt laminiert. Schließlich standen eine ganze Menge von Paletten mit bedrucktem Papier bereit – genug Material, um daraus mehrere Tausend Stück Bücher zu binden. Jetzt konnte der Tieflader der Buchbinderei anrollen …

DRUCKER

Stapel mit bedruckten Bogen.

DER WEG DURCH DIE WALZEN Mit dem Drucker schritt ich die lange Maschine ab: „Jeder Bogen wird durch diese vier Druckwerke geschleust und dabei nacheinander mit den vier Druckfarben bedruckt – du weißt ja: Key, Cyan, Magenta und Yellow. Und wenn er am anderen Ende der Maschine wieder zum Vorschein kommt, sind acht Ötzi-Seiten fertig.“ „Und was genau passiert in so einem Druckwerk?“ wollte ich wissen. „Da drinnen sind lauter Walzen, die sich gegenläufig drehen. Auf einer der Walzen ist die Druckplatte aufgespannt, das ist der Plattenzylinder. Eine andere Walze befeuchtet diesen Plattenzylinder mit Wasser. Eine weitere Walze überträgt Farbe auf den Plattenzylinder. Und der Plattenzylinder wiederum berührt den Gummituchzylinder und der schließlich überträgt die Druckfarbe auf das Papier.“ In meinem Kopf drehte sich auch schon alles! Zum besseren Verständnis gab mir der Drucker eine Skizze mit (siehe vorhergehende Seite.

SCHÖN- UND WIDERDRUCK, UND SCHON WIEDER: KONTROLLIEREN! Mit beeindruckendem Tempo spuckte die Maschine Bogen um Bogen aus, aber noch wurde das Papier erst einseitig bedruckt. „Das ist der Schöndruck“, erklärte geduldig der Drucker, „mit dem Widerdruck auf der Rückseite beginnen wir, sobald die Farben auf der Vorderseite trocken sind.“ Dann zog er einen frisch bedruckten Bogen vom Stapel und eine Lupe aus der Tasche. „Mein Adlerauge; damit kann ich jeden Fehler entdecken! Mal sehen, ob die vier Farbebenen wirklich passgenau übereinander gedruckt sind und die Farben mit dem Proof übereinstimmen.“ Doch, alles passte, lupenrein.

In der Buchbinderei

WIE AM SCHNÜRCHEN Der Besuch in der Buchbinderei war eine Augenweide: Anders als in der Druckerei gab es hier viele verschiedene Maschinen, die miteinander verbunden waren. Und erst der Blick von oben! Von einer Rampe aus erschienen mir die einzelnen Geräte wie die Stationen einer wundersamen Umlaufbahn, auf der Buchteile rastlos ihre Runden drehten und allmählich Buchgestalt annahmen. Wohin ich auch blickte: Alles lief, wie von unsichtbarer Hand gesteuert: Die Maschinen ratterten und zischten und die langen Laufstraßen schnurrten ununterbrochen. Überall standen Menschen, die kontrollierten, sortierten und nachfüllten. Sie zeigten mir, wie aus bedruckten Bogen Schritt für Schritt ein gebundenes Buch entsteht.

1 An der Bogenfalzmaschine: Hier werden die Druckbogen mehrfach umgeknickt und zusammengefaltet. Dazu laufen sie über eine leicht geneigte, vibrierende Fläche, wobei Luft zwischen die Bogen geblasen wird, um sie zu lockern. Nach dem Falzen sind die Seiten endlich alle in der richtigen Reihenfolge und keine steht mehr Kopf.

2 Die gefalzten Bogen werden nun zusammengetragen. Auch diese Arbeit erledigt eine Maschine: der Sammelhefter. Beim 64-seitigen Ötzi-Buch wurden vier verschiedene Falzbogen zu je 16 Seiten in der vorgeschriebenen Reihenfolge übereinander gelegt.

3 Als nächstes wird genäht, mit Nadel und Faden. Das macht nicht eine Expressnäherin, sondern die Fadenheftmaschine. Sie näht erst die einzelnen Bogen und dann diese selbst zu einem Buchblock zusammen.

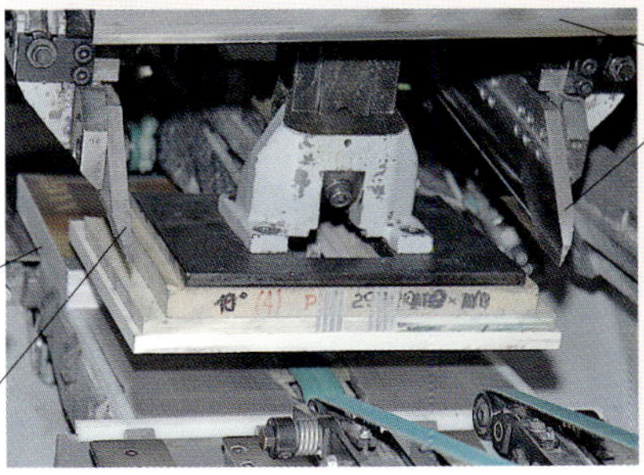

4 Jetzt ist der Buchblock zwar fertig, aber er lässt sich noch nicht umblättern. Das kommt vom Falzen. Man muss den Buchblock erst beschneiden. Diesen Randschnitt erledigt der Dreischneider: Messer mit extrem scharfen Klingen beschneiden den Buchblock an der oberen, unteren und rechten Seite auf das endgültige Format.

BUCHBINDERIN

Als i-Tüpfelchen wird die Falzrille eingedrückt: Die Rillstation presst vorne und hinten eine Rille zwischen die Buchdeckel und den Buchrücken. Jetzt erst lässt sich das Buch gut aufschlagen. Ein weiteres Detail: Das Ötzi-Buch hat ein hübsches weißes Kapitalbändchen, das beim Einhängen auf den Rücken des Buchblock geklebt wurde.

Die Buchdecke entsteht: Das Ötzi-Buch hat eine feste Decke, ein sogenanntes Hardcover. Für diese Art Umschlag verwendet man drei Teile aus Pappe: zwei rechteckige gleicher Größe für die beiden Buchdeckel und einen schmalen für den Buchrücken. Diese Pappen werden auf die Rückseite des bedruckten Einbands geklebt.

In der Einhängemaschine wird der beschnittene Buchblock mit der Buchdecke verleimt – er wird „eingehängt", und zwar über die Vorsatzblätter. Im Ötzi-Buch sind diese Blätter farbig. Sie tragen keine Seitenzahl und sind nicht nummeriert; schließlich bilden sie ja „nur" die Verbindung zum vorderen und zum hinteren Buchdeckel.

DAS BUCH IST FERTIG! Zum Schluss wurde jedes Ötzi-Buch einzeln in Kunststofffolie verschweißt – jetzt mussten nur noch die Endkontrolle vorgenommen und die Bücher für den Versand fertig gemacht werden. Dann konnte „Die Gletschermumie" auf die Reise gehen: ins Verlagslager, dann in die großen Auslieferungslager in Deutschland, Österreich, Italien und der Schweiz, und von dort aus schließlich in die vielen Buchhandlungen. Vorerst aber brachte ich freudestrahlend ein frisch gedrucktes Exemplar in den Verlag. Bange Momente vor jedem Umblättern, dann zufriedenes Nicken – es war schon ein tolles Gefühl! Wir ließen die Korken knallen und ich wäre am liebsten in die nächste Buchhandlung gelaufen. Aber noch war mein Buch ja nicht erhältlich.

Wie kommt das Buch zum Leser?

VERTRIEBSFRAU

Von diesem Büro aus wurde die Reise der „Gletschermumie" zu den Buchhandlungen organisiert, und ein wenig wie in einem Reisebüro sieht es hier auch aus: Rundum stapeln sich Kataloge, an der Wand hängen Landkarten und ständig schrillt das Telefon. Eben hat die Vertriebsfrau mit ihrer Kollegin vom Marketing den nächsten Verlagskatalog besprochen, jetzt muss sie eine Buchhändlerin in Hamburg zurückrufen.

Auf der Vertreterkonferenz werden nicht nur die neuen Bücher vorgestellt und diskutiert; die Vertreter berichten auch von ihrer letzten Reise: Wie sich die Bücher verkauft haben, welche Probleme es gab, was man verbessern sollte, und was erfolgreich war. Diese Lageberichte sind für den Verlag sehr wichtig.

VON LANGER HAND GEPLANT „Die Gletschermumie" war also versandfertig – geht es nun direkt in die Buchhandlung, oder gibt es Etappen dazwischen? Wer kümmert sich darum? Und wie werden die Bücher bestellt? Antwort darauf gab mir die Vertriebsfrau: „Ich organisiere den Vertrieb: Ich sorge dafür, dass die Buchhändler vom Buch erfahren. Zweimal im Jahr schicke ich ihnen unseren Verlagskatalog, in dem die neuen Bücher vorgestellt werden. Bei meiner Arbeit unterstützen mich die Verlagsvertreter; sie besuchen die Buchhandlungen, erklären den Buchhändlern, worum es im Buch geht und für wen es geschrieben ist, und nehmen die Bestellungen auf. Außerdem sorge ich dafür, dass die Bücher aus unserem Lager in die Buchhandlungen kommen. Aber fangen wir bei den Vertretern an, besser noch: bei der Vertreterkonferenz."

ÜBERZEUGUNGSTÄTER Ich erfuhr, dass die Vertriebsleiterin zweimal im Jahr eine Konferenz organisiert, auf der die Neuerscheinungen des Verlags vorgestellt werden. Diese Sitzung sei sehr wichtig, meinte sie: „Da müssen die Vertreter nämlich von unseren neuen Büchern begeistert werden, damit sie dann ihrerseits die Buchhändler überzeugen und diese wiederum die Käufer gewinnen. Das ist nicht immer leicht. Wir schicken den Vertretern von jedem neuen Buch vorab das Manuskript, einige Probeseiten und den Umschlag und erzählen ihnen, worum es im Buch geht, was das Besondere daran ist und warum man es kaufen soll. Oder wodurch es sich von anderen Büchern unterscheidet, wenn es bereits etwas zu diesem Thema gibt. Das alles sind wichtige Verkaufsargumente. Mit Ötzi, unserer Gletschermumie, hatten wir Glück, das war ein völlig neues Thema, da

Ich heiße Hurenkind – das ist die gar nicht schmeichelhafte Titulierung, mit der mich der Buchdrucker bestraft, weil ich eine hässliche, alleinstehende letzte Zeile eines Absatzes am Beginn dieser neuen Seite bin.

waren wir konkurrenzlos."

IMMER AUF ACHSE Sind die Verlagsvertreter eigentlich Angestellte des Verlags, wollte ich von der Vertriebsfrau wissen. „Nein, unsere sind freie Handelsvertreter, sie arbeiten selbstständig und noch für ein paar andere Verlage. Für jedes Buch, das sie verkaufen, bekommen sie vom Verlag einen Teil des Erlöses, also eine Provision. Aber es gibt auch Verlage, die ein fest angestelltes Vertreterteam haben. Hier auf der Landkarte siehst du die Reisegebiete unserer Vertreter. Mindestens zweimal jährlich besuchen sie die Buchhandlungen ihres Gebiets. Gut drei Monate lang sind sie dann auf Achse."

GUT BERATEN „Glaub' ja nicht", meinte unsere Vertriebsfrau, „dass eine Buchhändlerin Zeit und Muße hat, unseren Verlagskatalog genau zu studieren. Sie erhält Stöße von Katalogen unzähliger Verlage. Da ist es wichtig, wenn unser Vertreter zu ihr kommt und sie persönlich berät. Gemeinsam überlegen sie dann, wie viele Exemplare eines Titels sie wohl verkaufen wird können. Dann nimmt der Vertreter die Bestellungen entgegen und leitet sie an uns weiter. Damit können wir übrigens auch die Höhe der Druckauflage besser abschätzen. Bei der „Gletschermumie" etwa gab es viele Vorbestellungen, deshalb trauten wir uns zu, eine hohe Auflage zu drucken."

Eine Vertreterin auf dem Weg in die Buchhandlung: Im vollgepackten Kofferraum stecken Informationen zu den neuen Büchern, Leseexemplare und allerlei Werbemittel wie Plakate oder Lesezeichen.

Die Verlagsvertreterin berät die Buchhändlerin. Bei der Bestellung sind diesmal auch einige Titel aus der Backlist dabei – das sind die Bücher, die nicht neu erschienen, aber noch lieferbar sind.

VERTRETERIN

AUSLIEFERER

Packstraße

Bücher, soweit das Auge reicht – im Hochregallager einer Auslieferung.

AUSGELAGERT Jetzt wollte ich von der Vertriebsfrau noch wissen, wie die Bücher geliefert werden. „Wir versuchen, unsere Bücher näher an und damit schneller in die Buchhandlungen zu bringen, deshalb lagern wir sie an verschiedenen Orten. Unser Außenlager, das zum Beispiel die Buchhandlungen in Deutschland beliefert, ist in Berlin, die österreichischen Buchhändler werden von Wien aus beliefert. Wir haben dann noch Auslieferungslager in der Schweiz, in Südtirol und in Italien. Die Auslieferung ist eine Firma, die für mehrere Verlage die Bücher lagert, Bestellungen entgegennimmt, die Bücher verschickt und verrechnet. Dadurch ersparen sich die Verlage und Buchläden viel Aufwand: Der Buchhändler muss sich nicht mit Hunderten Verlagen abplagen und bekommt nicht ständig viele kleine Pakete und viele verschiedene Rechnungen."

GESICHERTER NACHSCHUB „Was aber", schoss es mir durch den Kopf, „wenn im Geschäft ein Buch plötzlich ausverkauft ist?" Die Vertriebsfrau lachte: „Dann bestellt der Buchhändler eben bei der Auslieferung nach. Außerdem gibt es die Großhändler, die sogenannten Barsortimente. Die haben riesige Lagerhallen, in denen sich die meisten Bücher fast aller Verlage stapeln. Dort kann die Buchhändlerin nachbestellen, und schon am nächsten Tag wird geliefert. Im Gegensatz zur Auslieferung haben die Barsortimente aber nicht immer alle Bücher eines bestimmten Verlags lagernd."

Der Bücherwagen holt die bestellten Bücher beim Barsortiment ab.

Das Buch wird bekannt gemacht

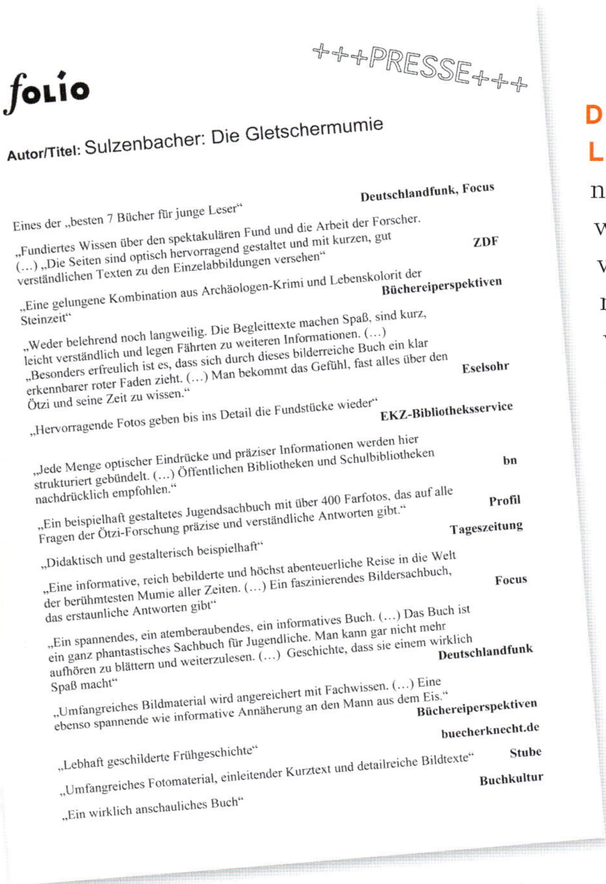
folio

+++PRESSE+++

Autor/Titel: Sulzenbacher: Die Gletschermumie

Eines der „besten 7 Bücher für junge Leser" **Deutschlandfunk, Focus**

„Fundiertes Wissen über den spektakulären Fund und die Arbeit der Forscher. (…) „Die Seiten sind optisch hervorragend gestaltet und mit kurzen, gut verständlichen Texten zu den Einzelabbildungen versehen" **ZDF**

„Eine gelungene Kombination aus Archäologen-Krimi und Lebenskolorit der Steinzeit" **Büchereiperspektiven**

„Weder belehrend noch langweilig. Die Begleittexte machen Spaß, sind kurz, leicht verständlich und legen Fährten zu weiteren Informationen. (…) „Besonders erfreulich ist es, dass sich durch dieses bilderreiche Buch ein klar erkennbarer roter Faden zieht. (…) Man bekommt das Gefühl, fast alles über den Ötzi und seine Zeit zu wissen." **Eselsohr**

„Hervorragende Fotos geben bis ins Detail die Fundstücke wieder" **EKZ-Bibliotheksservice**

„Jede Menge optischer Eindrücke und präziser Informationen werden hier strukturiert gebündelt. (…) Öffentlichen Bibliotheken und Schulbibliotheken nachdrücklich empfohlen." **bn**

„Ein beispielhaft gestaltetes Jugendsachbuch mit über 400 Farfotos, das auf alle Fragen der Ötzi-Forschung präzise und verständliche Antworten gibt." **Profil**

„Didaktisch und gestalterisch beispielhaft" **Tageszeitung**

„Eine informative, reich bebilderte und höchst abenteuerliche Reise in die Welt der berühmtesten Mumie aller Zeiten. (…) Ein faszinierendes Bildersachbuch, das erstaunliche Antworten gibt" **Focus**

„Ein spannendes, ein atemberaubendes, ein informatives Buch. (…) Das Buch ist ein ganz phantastisches Sachbuch für Jugendliche. Man kann gar nicht mehr aufhören zu blättern und weiterzulesen. (…) Geschichte, dass sie einem wirklich Spaß macht" **Deutschlandfunk**

„Umfangreiches Bildmaterial wird angereichert mit Fachwissen. (…) Eine ebenso spannende wie informative Annäherung an den Mann aus dem Eis." **Büchereiperspektiven**

„Lebhaft geschilderte Frühgeschichte" **buecherknecht.de**

„Umfangreiches Fotomaterial, einleitender Kurztext und detailreiche Bildtexte" **Stube**

„Ein wirklich anschauliches Buch" **Buchkultur**

DIE ARBEIT IM VERLAG GEHT WEITER Was nützt das schönste Buch, wenn niemand von ihm weiß? Ein neuer Titel muss bekannt gemacht werden – dafür sorgen im Verlag die Presse- und die Marketingabteilung. Die Pressefrau hatte schon lange vor Erscheinen des Buchs überlegt, wer sich für „Die Gletschermumie" interessieren könnte. Sie pflegt das ganze Jahr über schriftliche, telefonische und persönliche Kontakte zu den Redaktionen von Presse, Radio und Fernsehen. Ausgewählten Journalisten und Kritikern schickt sie schon frühzeitig Informationen zum Buch, manchmal sogar die Druckfahnen, das sind Korrekturabzüge des Buchs, bevor es in Druck geht. Sobald das Buch gedruckt ist, erhalten diese Journalisten sofort ein Buch samt Waschzettel, damit sie es besprechen und – hoffentlich – empfehlen. Der Waschzettel ist ein Blatt, auf dem die wichtigsten Informationen zum Buch zusammengefasst sind. Ja, und Zeitungsredaktionen wollen außerdem noch häufig ein Autorenfoto haben; auch das muss von der Pressefrau rasch gemailt werden. Nicht zu vergessen, dass sie für die Medienleute Interviews mit den Autoren arrangiert.

Im Verlag freute man sich über die vielen positiven Besprechungen: „Das ist eine Anerkennung für unsere Arbeit und nützt gewiss dem Verkauf." Wenig später empfahlen zwei große deutsche Zeitungen „Die Gletschermumie" gar als Weihnachtsgeschenk.

Süddeutsche Zeitung

profil

DIE ZEIT

Der Blick in die Redaktion einer großen Wochenzeitschrift beweist es: Die Pressefrau hat es schwer, Journalisten auf „ihr" Buch aufmerksam zu machen. Bei ihnen stapeln sich nämlich unzählige Bücher verschiedenster Verlage – und alle wollen besprochen werden.

WIE REAGIERT DIE PRESSE? Buchbesprechungen, sogenannte Rezensionen, werden von der Presseabteilung gesammelt und archiviert. Zur „Gletschermumie" sind viele Rezensionen erschienen, und so wie ich bekamen auch die Abteilungen im Verlag einen Pressespiegel oder gleich die gesammelten Besprechungen – und damit einen Überblick, wie das Ötzi-Buch in den Medien ankam. Ein Pressespiegel ist das „Best of" aller Rezensionen, er versammelt die aussagekräftigsten Stellen der Artikel.

PRESSEFRAU

Die Presseabteilung meines Verlags betreut auch dessen Internet-Auftritt: www.folioverlag.com. Laufend kommen Neuerscheinungen samt Leseproben dazu, müssen Autorenbiografien und der Veranstaltungskalender aktualisiert werden. Websites machen nicht nur neugierig, sondern auch viel Arbeit. Wie man „Verlage im Internet" findet, verrät www.buchreport.de.

„Die Gletschermumie" wird auf der Frankfurter Buchmesse präsentiert. Ob wohl ein ausländischer Verlag die Übersetzungsrechte kaufen wird?

Die Frankfurter Buchmesse ist die größte Buchmesse der Welt; wichtig für deutschsprachige Verlage ist auch die Leipziger Buchmesse.

WER NICHT WIRBT, WIRD VERGESSEN Buchbesprechungen allein reichen nicht aus – ein neues Buch muss beworben werden: durch Prospekte oder Plakate, durch Mailings oder Anzeigen in Zeitungen und Zeitschriften, über das Internet… Zehntausende neue Bücher buhlen nämlich gleichzeitig um die Aufmerksamkeit der Leser – was nicht beworben wird, geht da leicht unter. Die Marketingabteilung hatte also alle Hände voll zu tun, um viele mögliche Käufer anzusprechen. Sie organisierte eine Werbekampagne für „Die Gletschermumie", aber auch Lesungen und Buchpräsentationen. Buchvorstellungen sind nämlich ein wichtiges Mittel, um Bücher bekannt zu machen.

AUF DER BUCHMESSE Die Marketingabteilung organisiert auch die Messe-Auftritte des Verlags. Besonders aufwändig ist die Vorbereitung auf die Frankfurter Buchmesse, wo alljährlich im Oktober rund 7 000 Aussteller aus aller Welt knapp 285 000 Besuchern ihre neuen Titel vorstellen. Auf Messen sichern sich viele Verlage auch die Rechte, Bücher aus anderen Ländern in das eigene Verlagsprogramm aufzunehmen. Das heißt, sie kaufen die Erlaubnis, beispielsweise den Roman eines italienischen Autors zu übersetzen und auf Deutsch zu veröffentlichen. Aber auch Taschenbuchlizenzen werden ausgehandelt: Ein Verlag verkauft die Genehmigung, das Buch in einer preiswerten Taschenbuchausgabe herauszubringen. All dies ist im Verlag die Aufgabe der Abteilung Rechte und Lizenzen.

Der Verlag plante früh die ersten Autorenbegegnungen und ließ dafür Autogrammkarten drucken. Die „Briefmarke" war eine augenzwinkernde Überraschung für mich.

So wurde das Buch „Vom Büchermachen" Monate vor seinem Erscheinen in der Verlagsvorschau angekündigt.

DIE VERLAGSVORSCHAU Das wichtigste Werbemittel des Verlags ist die Vorschau. Darin werden die neuen Bücher vorgestellt, mit Leseproben, Pressestimmen und mit Informationen zu den Büchern und Autoren. Zweimal jährlich wird dieser Katalog gedruckt, und zwar immer für die Bücher, die im folgenden Halbjahr erscheinen. Das sind die sogenannten Novitäten. Warum so früh? Ganz einfach: Die Vorschau ist dazu da, die Buchhändler und die Journalisten über die Bücher zu informieren, bevor sie erscheinen. Buchhändler können dadurch ein Buch im Voraus bestellen und bekommen es bei Erscheinen prompt geliefert. Somit haben sie es schon im Laden, wenn ein Kunde danach verlangt.

„DIE GLETSCHERMUMIE" WIRD ÜBERSETZT Um wie viel ärmer wären wir, besäßen wir keine Bücher aus anderen Ländern. Wir wüssten nicht, wie die Menschen anderswo leben und denken, und wir würden auch keine Pippi Langstrumpf und keinen Harry Potter kennen. Wenn ein Verlag ein Buch eines ausländischen Verlags gut findet und es in seinem Sprachraum herausbringen möchte, kauft er das Recht zur Veröffentlichung und lässt den Text anschließend übersetzen.

Die englische, niederländische und italienische Ausgabe der „Gletschermumie"

Das Buch im Schaufenster

IN DER BUCHHANDLUNG Endlich waren unsere Ötzi-Bücher dort angelangt, wo sie die Käufer erstmals in die Hand bekommen: in der Buchhandlung. Da lagen sie nun – in der Filiale eines Buchkaufhauses ebenso wie in der Buchhandlung, deren Besitzerin selbst an der Kasse steht. Aber auch übers Internet konnte man „Die Gletschermumie" bestellen. Natürlich streifte ich in diesen Wochen besonders aufmerksam durch die Geschäfte, um zu sehen, ob mein Buch auflag, aber auch, um aus erster Hand Genaueres über den Buchhandel selbst zu erfahren.

BUCHHÄNDLER VERMITTELN INHALTE Buchhändler leben davon, dass sie Bücher einkaufen und wieder verkaufen. Dabei sollten sie schon eine gute Allgemeinbildung haben, um ihren Kunden bei der Büchersuche auch wirklich behilflich sein zu können. Sie müssen viel lesen, denn Bücher, die sie kennen, können sie auch überzeugend weiterempfehlen. Und da so viele Bücher erscheinen und es für uns alle unmöglich ist, den Überblick zu bewahren, sind die Empfehlungen der Buchhändler umso wertvoller. Abgesehen davon kann ein Buchhändler – und sei sein Geschäft noch so groß – nie alle Bücher auf Lager haben; er kann aber fast alle in ziemlich kurzer Zeit besorgen.

BUCHHÄNDLERIN

SIND BÜCHER TEUER?
Das Schreiben und Illustrieren eines Buchs dauert lange und seine Herstellung ist aufwändig. Der Verlag muss einiges tun, damit die Leser überhaupt von seinem Buch erfahren und in der Buchhandlung danach verlangen. Wenn so viele Hände und Köpfe zuarbeiten, darf ein Buch auch etwas kosten!

Eine Buchhändlerin beim Beratungsgespräch: Sie erzählt, wie erstaunlich es doch sei, dass wir durch die Erforschung einer einzigen Mumie jetzt so viel über die Steinzeit wissen. Die Kinder staunen, wie jemand über so lange Zeit so gut erhalten bleiben konnte.

BUCHHÄNDLER WÄHLEN AUS Sie müssen entscheiden, welche Bücher sie weiterverkaufen können. Dabei hat jeder seine eigene Philosophie: Die einen gehen eher auf Nummer sicher und kaufen fast nur ein, was auf den Bestsellerlisten steht und von dem sie glauben, dass es den Geschmack der Masse trifft; andere warten mit besonders anspruchsvollen Büchern auf. Dann wieder gibt es die, die sich auf ein Fachgebiet spezialisieren, beispielsweise auf Architektur oder Medizin oder Kochbücher. Alle aber, mit denen ich gesprochen hatte, freuen sich, immer wieder ein völlig neues Produkt in Händen zu halten und so immer wieder etwas Neues zu erfahren.

BÜCHER HABEN IHREN PREIS Der Ladenpreis eines Buchs hängt hauptsächlich von der Auflage und von seiner Ausstattung ab. Wenn ein Verlag davon ausgeht, dass ein bestimmtes Buch sehr viele Käufer finden wird, lässt er folgerichtig viele Exemplare drucken – sagen wir mal 20 000 Stück. In diesem Fall kann er das einzelne Buch preisgünstig anbieten. Behandelt das Buch dagegen ein spezielles Thema, für das sich nur ganz wenige interessieren, druckt der Verlag nur eine niedrige Auflage – vielleicht 1 000 Stück. Diese wird er dafür teurer verkaufen müssen. Warum? Weil es beim Büchermachen Kosten gibt, die gleich bleiben, egal wie hoch die Auflage ist: Die Kosten für das Scannen der Bilder beispielsweise oder das Gehalt des Lektors oder die grafische Gestaltung ändern sich nicht, egal, ob 1 000, 5 000 oder 20 000 Bücher gedruckt werden. Wenn zum Beispiel die grafische Gestaltung 1 500 Euro kostet, dann sind das bei 1 000 Stück 1,50 Euro, bei 5 000 Stück 30 Cent und bei 20 000 Büchern gar nur 8 Cent pro Buch!

Preislich liege ich, das Buch vom Büchermachen, so ziemlich im Mittelfeld. Ein Buch kostet in der Buchhandlung nämlich durchschnittlich 15 Euro.

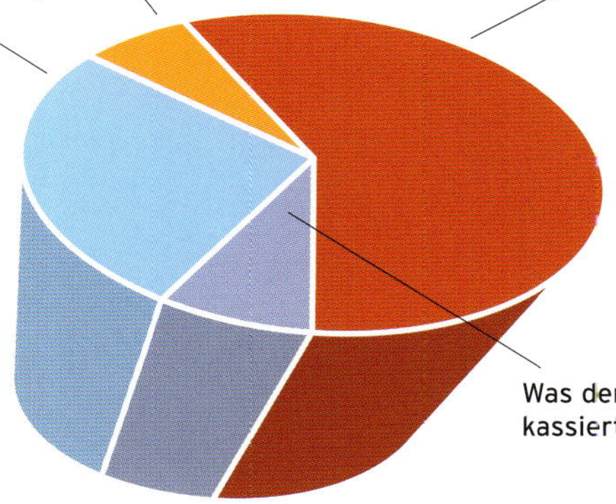

GROSSE FISCHE, KLEINE FISCHE In welcher Auflage werden Bücher eigentlich gedruckt? Das ist ganz unterschiedlich: Bei den Kinder- und Jugendbüchern etwa erreichen nur ganz, ganz wenige Titel eine Millionenauflage. Hohe Erstauflagen liegen bei 25 000 bis 30 000. Viele Verlage sind froh, wenn sie mit ihren Büchern auf 3 500 kommen und damit schwarze Zahlen schreiben. Grundsätzlich gilt: Noch nie wurden so viele Bücher produziert und verkauft wie heute.

EIN STÜCK VOM KUCHEN FÜR ALLE

Mit dem Ladenpreis müssen alle Kosten gedeckt werden, die bei der Herstellung und Verbreitung eines Buchs entstehen. Wer kriegt dabei was?

Zuerst einmal bekommt der Staat sein Häppchen: die Mehrwertsteuer. Bei einem 10-Euro-Buch sind das zwischen 65 und 91 Cent. Als Nächster muss der Buchhändler seinen Anteil bekommen, mit dem er die Regale bezahlt, die Miete, die Heizung, die Angestellten ... Diesen Anteil erhält er in Form eines Rabatts: Er kauft das Buch um etwa 35 % billiger ein, als er es weiterverkauft. Dann kriegen die Verlagsauslieferung und die Vertreter ihren Teil. So fließen am Ende vom erwähnten 10-Euro-Buch etwa 4–4,50 Euro auf das Konto des Verlags.

Doch ein Teil davon geht noch an die Autoren: Für ihre Texte und Bilder bekommen sie in der Regel 5–10 % vom Ladenpreis, also etwa 50 Cent bis zu einem Euro pro Buch.

Jetzt sind noch etwa 3,60 Euro übrig. Mit diesem Geld muss der Verlag die gesamte Herstellung bezahlen: die Scans, die Grafik, den Umbruch, das Papier, den Druck und die Bindung. Und schließlich wollen die Verlagsmitarbeiter wie der Lektor oder die Pressefrau ein Gehalt haben – und der Verleger natürlich auch. Außerdem fallen Büromiete, Strom, Telefon, Inserate, Steuern und noch vieles mehr an.

BÜCHER HABEN FESTE PREISE Den Ladenpreis legt übrigens der Verlag fest; und daran müssen sich alle halten. In vielen europäischen Staaten kostet deshalb jedes Buch in jeder Buchhandlung gleich viel – im Buchkaufhaus genauso wie im kleinen Ein-Mann-Betrieb. Dadurch soll verhindert werden, dass Buchhandlungen sich einen Preiskampf liefern. Viele Buchhandlungen bieten Bücher an, die sie für wichtig halten, die aber schwer verkäuflich sind: zum Beispiel prächtig gestaltete Bildbände für Kunst-Liebhaber, Gedichtbände für Lyrik-Freaks oder Romane von jungen, noch unbekannten Autoren (viele Autoren von Weltrang haben mit ganz kleinen Auflagen begonnen). Buchhändler, die solche extravaganten Bücher führen, brauchen die Einnahmen aus dem Verkauf von Bestsellern und wären in ihrer Existenz bedroht, wenn es die Renner der Saison im Supermarkt vis-a-vis billiger gäbe.

„Die Gletschermumie“ wird gelesen

DER SPRUNG IN DIE BESTENLISTEN
Oft arbeiten viele Menschen lange und mit großer Begeisterung an einem Buch und hoffen, dass es viele Leser finden wird. Doch nicht jeder Titel ist erfolgreich. Viele Bücher bringen sogar Verluste; das heißt, der Verlag kann nicht so viele Exemplare eines Titels verkaufen, um die entstandenen Kosten zu decken. Umso erfreulicher ist es, wenn ein Titel sich gut verkauft. Unser Ötzi-Buch bekam gute Rezensionen, schaffte den Sprung auf Empfehlungs- und Bestenlisten und wurde ausgezeichnet. Als dieses Buch hier in Druck ging, war „Die Gletschermumie“ bereits in mehrere Sprachen übersetzt worden und 50 000 Mal über den Ladentisch gegangen.

AUSGEZEICHNET! Als „Die Gletschermumie“ den „Österreichischen Kinder- und Jugendsachbuchpreis“ erhielt, knallten im Verlag zum zweiten Mal die Korken. Das war eine wichtige Auszeichnung: Steht diese Nachricht erst einmal in der Presse, wird der Verkauf noch einmal kräftig anziehen. Wenn unabhängige Fachleute ein Buch loben, ist das natürlich glaubwürdiger als die flotten Sprüche der verlagsinternen Werbetexter.

DIE BESTEN 7 BÜCHER FÜR JUNGE LESER

Januar 2001
Ermittelt von 26 Juroren aus Deutschland, Österreich und der Schweiz im Auftrag des Deutschlandfunk.

Die Gletschermumie
Mit »Ötzi« auf Entdeckungsreise durch die Jungsteinzeit
Von Gudrun Sulzenbacher
Folio Verlag, 64 Seiten, 300 Farbabbildungen, DM/SFr. 29,80/ÖS 215,– ab 13
Eine informative, reich bebilderte und höchst abenteuerliche Reise in die Welt der berühmtesten Mumie aller Zeiten. Wie wurde Ötzi entdeckt und geborgen, wie wurde er konserviert, wie hat er überhaupt gelebt? – Fragen, auf die dieses faszinierende Sachbuch erstaunliche Antworten gibt.

Cybernet City
Von Frank Stieper
Arena Verlag, 264 Seiten, DM/SFr. 24,80/ÖS 181,– ab 13
Wir schreiben das Jahr 2089, in Cybernet City ist der Teufel los. Mark hat sich unerlaubt in die virtuelle Welt eines hoch entwickelten Simulationscomputers begeben, um ein lang gehütetes Geheimnis zu lüften. Schon schickt man ihm ein Killerkommando ins Netz. – Eine atemberaubend spannende Geschichte aus einer nicht allzufernen Zeit.

Der schwarze Dolch
Von Sean Stewart
Aus dem Amerikanischen von Hannes Riffel
Verlag Argument/Ariadne, 272 Seiten, DM/SFr. 14,80/ÖS 105,– ab 14
Mark ist kein Edelmann, nur ein Junge vom Land. Trotzdem erobert er die Rote Festung und mit ihr das Herz der angebeteten schönen Prinzessin. Doch die Dämonen der Vergangenheit treten auf den Plan, es kommt zum Kampf auf Leben und Tod. – Ein aufregender Fantasy-Roman in der Tradition Tolkiens und romantischer Märchen.

Einfach farbig
Von Jérôme Ruillier
Aus dem Französischen von Danielle Heufemann
bohem press, 32 Seiten, DM/SFr. 15,-/ÖS 110,– ab 4
Kinder sind unbefangen und begegnen den Menschen, die anders sind, mit großer Neugierde statt mit Vorurteilen. Denn sie wissen: Gute und Böse gibt es unter schwarzhäutigen Menschen genauso wie unter weißen. Eine poetische und fröhlich bebilderte Geschichte über die Gleichheit von Menschen, welcher Hautfarbe auch immer. Ein unaufdringliches Plädoyer für Toleranz.

East End, West End und dazwischen Maniac Magee
Von Jerry Spinelli
Aus dem Amerikanischen von Andreas Steinhöfel
Verlag Dressler, 192 Seiten, DM/SFr. 22,–/ÖS 161,– ab 13
Maniac Magee hat vor nichts und niemandem Angst. Weder vor dem weißen Riesen John McNab noch vor dem schwarzen Schläger Thompson. Der mutige Junge kümmert sich nicht darum, dass die Stadt nach Hautfarben in West End und East End aufgeteilt ist. Und somit wird er zu einem wahren Helden. – Ein aktueller Jugendroman, voller Dramatik und Spannung.

Zwischen gestern und morgen
Von David Almond
Aus dem Englischen von Mechtild Testroet
Ravensburger Buchverlag, 240 Seiten, DM/SFr. 24,80/ÖS 181,– ab 13
Nach dem Tod der Großmutter, lebt der Großvater jetzt allein und ist zudem noch krank und pflegebedürftig. Die Familie betreut ihn und der dreizehnjährige Enkel Kit versucht, den langsamen Tod seines geliebten Opas zu verstehen. Unterstützung sucht er in einer Clique von Gleichaltrigen, die magische Riten vollziehen. – Ein ergreifend erzählter Jugendroman über die Suche nach einem Halt in seelisch aufwühlenden Zeiten.

Die ohne Segen sind
Von Richard van Camp
Aus dem Englischen von Ulrich Plenzdorf
Ravensburger Buchverlag, 160 Seiten, DM/SFr. 22,–/ÖS 161,– ab 14
Larry ist ein Typ, den jeder fertig machen kann, Larry ist ein Underdog wie in einem Song von Tom Waits. Das Schlimmste im Leben des jungen, verstörten Mannes: ein Wust an traurigen Erinnerungen. Das Schönste: er ist hoffnungslos in Juliet verliebt. Wird sie mit ihm die Nacht verbringen? Ein packender Jugendroman, voller Niederlagen, voller Aufbrüche.

Die Jury: …

Die monatliche Bestenliste im Deutschlandfunk jeden ersten Samstag im Monat im »Büchermarkt« um 16:05
Internet: www.dradio.de

DeutschlandRadio
Deutschlandfunk • DeutschlandRadio Berlin
FOCUS

Zwei Monate nach ihrem Erscheinen stand „Die Gletschermumie“ auf der Liste der „besten 7 Bücher für junge Leser“ von DeutschlandRadio und Focus. Die Präsentation im Radio endete mit der schmeichelhaften Einschätzung: „Ein fantastisches Buch; man kann gar nicht mehr aufhören zu blättern und weiterzulesen.“

Bei der Verleihung des „Österreichischen Kinder- und Jugendsachbuchpreises“ in Wien.

EIN THEMA, DAS ZIEHT Mittlerweile wird „Die Gletschermumie“ regelmäßig nachgedruckt, sie ist ein sogenannter Longseller geworden. Dabei wird das Buch jedes Mal aktualisiert, denn die Ötzi-Forscher finden laufend Neues heraus: Nachdem sie die Pfeilspitze in Ötzis linker Schulter entdeckt hatten, mussten wir ganze Absätze umschreiben, dafür andere Texte kürzen, Platz für neue Bilder schaffen und sämtliche Stellen im Buch überprüfen, die irgendwie mit Ötzis Tod zu tun haben.

Longseller sind für Verlage Glücksfälle: Viele gute Bücher verschwinden nämlich viel zu rasch wieder aus den Regalen der Buchhandlungen und werden vergessen. Es kommen unentwegt neue Bücher auf den Markt und beanspruchen Platz im Regal.

BIBLIOTHEKAR

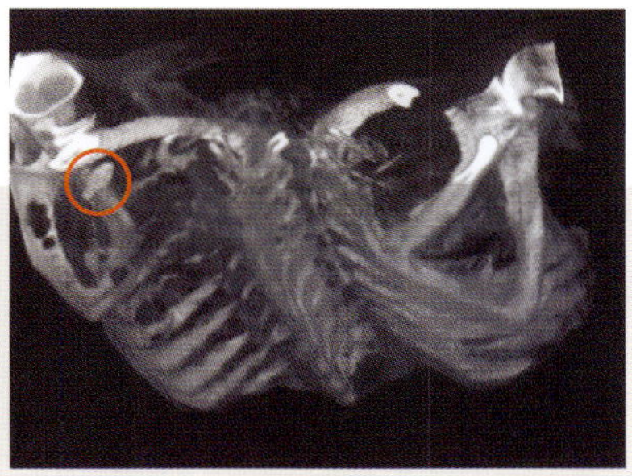

Dass in Ötzis Körper eine Pfeilspitze steckt, war bei Erscheinen der Erstauflage noch nicht bekannt. Daher kam dieses Bild erst in einer späteren Auflage hinzu.

Viele Bibliothekare laden Autoren zu Lesungen ein, damit ihre Leser erfahren, welche Menschen hinter den Büchern stecken und was sie bewegt hat, ein Buch zu schreiben.
Sie bereiten diese Autorenbegegnungen sorgfältig vor, wissen vorher schon allerlei über den Gast und seine Werke zu berichten und machen damit ihre Leser neugierig. Wenn es dann viele Fragen und spannende Gespräche und zum Schluss noch Autogramme gibt, weiß der Bibliothekar, dass sich der Aufwand gelohnt hat.

„DIE GLETSCHERMUMIE“ WIRD AUSGELIEHEN Unser Ötzi-Buch fand auch deshalb viele Leserinnen und Leser, weil es in den meisten Büchereien steht. Und dass es dort hinkommt und verliehen wird, ist dem Bibliothekar zu verdanken. So ein „Bücherfreak“ muss viel mehr können als nur Bücher bestellen und ausleihen. Er muss – ähnlich wie ein Buchhändler – über die Neuerscheinungen informiert sein, er muss die Bücher präsentieren, er muss seine „Kunden“ beraten, und auch er organisiert Veranstaltungen. Gerade dafür aber bleibt oft wenig Zeit, denn immer wieder trudeln neue Bücher ein, die eingebunden und katalogisiert werden wollen. Was ihm an seiner Arbeit am besten gefiele, wollte ich von einem Bibliothekar wissen: „Durch mich können alle vom Wissensschatz profitieren – wenn sie das nur wollen!“ Natürlich könne man auch ohne Bücher leben, aber mit Büchern, meinte er, sei das Leben reicher.

MIT ÖTZI AUF LESEREISE Seit dem Erscheinen der „Gletschermumie“ werde ich regelmäßig zu Autorenbegegnungen eingeladen. Viele Städte und Dörfer habe ich seitdem bereist, viele Schulen und Bibliotheken besucht und selten eine Buchhändlerin getroffen, die unsere „Gletschermumie“ nicht kannte. Wo immer ich auch hinkomme und erzähle, wie Ötzi lebte und starb und wie seine Geschichte ins Buch kam – überall ist das Publikum gebannt, so wie damals, als auf einer Lesereise die Idee zu diesem Buch geboren wurde. Die Kinder und die Erwachsenen sind berührt vom Schicksal dieses Steinzeitmenschen, fasziniert von seiner Erforschung und erstaunt über die vielfältige und interessante Arbeit, die hinter einem Buch steckt.

Von der Autorin bis zum Leser

Wie Bücher auf die Welt und unter die Leute kommen

Viele Menschen begleiten ein Buch auf seinem verschlungenen Weg von der Idee bis in das Regal einer Buchhandlung: Wer sind diese Leute? Was müssen sie können? Worum kümmern sie sich? Welche sind ihre Aufgaben? Einer von ihnen – der Illustrator – hat 16 anderen (und sich selbst!) über die Schulter geschaut, den Stift gezückt und eine typische Situation aus dem Arbeitsalltag eingefangen: Er präsentiert uns Berufe aus der Welt der Bücher.

DIE VERLEGERIN
leitet den Verlag. Sie
- bestimmt, welche Bücher verlegt werden
- streckt das Geld vor, damit diese Bücher produziert werden können
- berechnet mit der Herstellerin die Kosten und den erhofften Gewinn
- ist verantwortlich für den Inhalt der Bücher
- sorgt dafür, dass die Bücher zueinander passen
- sorgt dafür, dass die Autoren gut betreut werden und beim Verlag bleiben

DER LEKTOR
kümmert sich um den Inhalt des geplanten Buchs. Er
- liest sich ins Thema ein
- plant mit der Autorin den Aufbau und den Inhalt des Buchs
- plant mit der Grafikerin die Gestaltung des Buchs
- macht einen Terminplan
- lektoriert das Manuskript
- begleitet das Manuskript bis zum Druck

DIE AUTORIN

- recherchiert das Thema
- bespricht mit dem Lektor den Bauplan für das Buch
- bespricht mit der Grafikerin die Gestaltung des Buchs
- bespricht mit der Bildredaktion die Fotos und Zeichnungen
- verfasst den Text
- überarbeitet das Manuskript, nachdem er von der wissenschaftlichen Beraterin geprüft und vom Lektor verbessert wurde

DER FOTOGRAF

- bespricht mit dem Lektor und der Autorin die geplanten Bilder
- macht die erforderlichen Fotos

DER ILLUSTRATOR

- bespricht mit dem Lektor und der Autorin die geplanten Illustrationen
- macht Skizzen und dann die erforderlichen Zeichnungen

DER MEDIENTECHNIKER

› scannt die Bilder
› bearbeitet diese Bilder: Er löscht z. B. den Hintergrund, korrigiert die Farbe
› stellt digitale Druckproben (Proofs) her
› schickt die bearbeiteten Bilddaten an die Grafikerin

DIE GRAFIKERIN

› entwirft den Umschlag für das Buch
› entwirft das Layout: eine Vorlage, nach der Texte und Bilder zusammengefügt werden
› macht den Umbruch (fügt also Texte und Bilder zusammen
› schickt die Daten in die Druckerei

DIE HERSTELLERIN

ist das Bindeglied zwischen Verlag und technischen Betrieben (Druckerei, Binderei). Sie
› sorgt dafür, dass aus dem Manuskript ein Buch wird
› wählt die geeigneten Materialien aus, z. B. das Papier, die Pappe für den Umschlag
› holt Preisangebote von Druckereien und Buchbindereien ein
› berechnet die Kosten für das gesamte Buchprojekt

DER DRUCKER

- bereitet die Daten der Grafikerin für den Druck vor
- brennt diese Daten auf Druckplatten
- bedruckt mit einer Maschine große Papierbogen
- schickt die bedruckten Bogen mit Lastwagen in die Buchbinderei

DER BUCHBINDER

- falzt die Papierbogen
- bindet (oder klebt) die Bogen zu Buchblöcken zusammen
- hängt diese in die Umschläge ein
- schickt die fertigen Bücher mit Lastwagen ins Verlagslager

DER VERLAGS-AUSLIEFERER

ist das Bindeglied zwischen Verlag und Buchhandel. Er

- lagert die Bücher in großen Hallen
- liefert die bestellten Bücher an die Buchhandlungen aus
- rechnet die verkauften Bücher mit dem Verlag ab

DIE VERTRIEBSFRAU

kümmert sich im Verlag darum, dass die Bücher in die Buchhandlung kommen. Sie

› hält den Kontakt zu den Buchhandlungen
› verwaltet die Bücher im Verlagslager
› überprüft den Verkauf
› organisiert die Vertreter-Konferenzen, wo die Neuerscheinungen vorgestellt werden
› versorgt die Verlagsvertreter mit Informationen

DIE PRESSEFRAU

sorgt dafür, dass die Medien regelmäßig über den Verlag und seine Bücher berichten. Sie

› ist ständig in Kontakt mit Fernseh-, Radio- und Zeitungsredaktionen
› betreut die Internet-Seiten des Verlags
› schreibt Pressemeldungen
› verschickt Besprechungs-Exemplare der neuen Bücher
› sammelt alle Besprechungen und gibt sie an die Autoren und die Kollegen im Verlag weiter

DIE MARKETINGFRAU

bewirbt die Bücher des Verlags. Sie

› macht Buchhändler und Leser auf die Bücher aufmerksam
› gibt Werbemittel in Auftrag, z. B. Verlagskataloge, Plakate, Zeitungsinserate
› plant und organisiert den Auftritt des Verlags auf den Buchmessen
› organisiert Veranstaltungen, z. B. Lesungen, Buchvorstellungen

DIE VERLAGSVERTRETERIN

kümmert sich außerhalb des Verlags darum, dass die Bücher in den Buchhandel kommen. Sie

- besucht mindestens zweimal jährlich die Buchhandlungen ihres Reisegebiets
- stellt den Buchhändlern die neuen Bücher vor
- informiert sich bei den Buchhändlern darüber, wie das Geschäft läuft und gibt deren Einschätzungen an die Vertriebsfrau weiter
- nimmt Bestellungen entgegen

DIE BUCHHÄNDLERIN

kauft Bücher verschiedenster Verlage ein, um sie weiterzuverkaufen. Sie

- informiert sich über Neuerscheinungen
- bestellt die Bücher beim Großhändler oder bei der Verlagsauslieferung
- präsentiert die Bücher, z. B. im Schaufenster
- berät ihre Kunden im Geschäft und außerhalb (z. B. Schulen)
- verkauft die Bücher
- organisiert Aktionen und Veranstaltungen, z. B. Autorenlesungen

DER BIBLIOTHEKAR

kauft Bücher verschiedenster Verlage ein, um sie zu verleihen. Er

- informiert sich über Neuerscheinungen
- bestellt die Bücher in der Buchhandlung
- macht die Bücher ausleihfertig, z. B. mit einer Schutzfolie
- präsentiert die Bücher, z. B. auf Tischen
- berät seine Leser
- verleiht die Bücher
- organisiert Aktionen und Veranstaltungen, z. B. Autorenlesungen

Dank und Bildnachweis

Ich bin der Bildnachweis und liste auf, wer die Bilder gemacht hat, bzw., wer die jeweiligen Bildrechte besitzt.

Dieses Buch wäre ohne die tätige Mithilfe engagierter Menschen nicht möglich gewesen: Sie haben bereitwillig ihre Zeit und vor allem ihr Wissen zur Verfügung gestellt. Die einen haben uns bei der Arbeit über die Schulter, die anderen hinter die Kulissen ihrer Betriebe blicken lassen – viele haben sich dabei auch für Fotos zur Verfügung gestellt.
Wir treffen in diesem Buch damit tatsächlich auf eine repräsentative Auswahl an geistigen und materiellen **Zulieferern**, eingefleischten **Büchermachern** und **-vermittlern**, die bei der Entstehung dieses Buchs tatkräftig mitgewirkt haben. Ihnen allen, auch jenen, die nicht bildlich „verewigt" wurden, gilt der herzliche Dank der Autorin und des Verlags.

Wo nicht anders angegeben, liegt das Copyright der Fotos beim Folio Verlag.
Cover: Gudrun Sulzenbacher, Foto **Augustin Ochsenreiter**
S. 1: Foto Augustin Ochsenreiter • S. 2: bei **Printer**, Trento; Foto **Maria Gapp** • S. 3 o.: Foto Folio • S. 3 u.: Foto A. Ochsenreiter • S. 6: Die Bücher wurden uns freundlicherweise von **Martin Wartelsteiner**, **Miniaturbuchverlag**, zur Verfügung gestellt; Foto A. Ochsenreiter • S. 7: © Österreichische Nationalbibliothek • S. 8: In der Grundschule Deutschnofen; Foto **Albert Pfeifer** • S. 9 o.: Foto A. Ochsenreiter • S. 9 u.: © **Südtiroler Archäologiemuseum**; Foto **Josef Pernter** • S. 10–11: © Südtiroler Archäologiemuseum; Fotos A. Ochsenreiter • S. 12 l.: **Ester Solderer** mit der Autorin; Foto Südtiroler Archäologiemuseum • S. 12 u.: **Angelika Fleckinger** – Direktorin des Südtiroler Archäologiemuseums und immer ansprechbar in Sachfragen; Foto Folio • S. 12 r.: **Luis Egger** – Herz der Museumsbibliothek • S. 13 l. **Günther Hofer** – bergerfahrener Mann der Autorin; Foto der Autorin • S. 13 r.: © Südtiroler Archäologiemuseum; Foto **Marco Samadelli** • S. 13 u: Foto G. Hofer • S. 14 o.: © Südtiroler Archäologiemuseum; Foto A. Ochsenreiter • S. 14 u.: © Südtiroler Archäologiemuseum/Landesgendarmeriekommando für Tirol • S. 14 r.: © Südtiroler Archäologiemuseum/Werner Nosko • S. 15 o.: © Südtiroler Archäologiemuseum/Amt für Bodendenkmäler • S. 15 u. © Südtiroler Archäologiemuseum; Foto A. Ochsenreiter • S. 16 o.: **Josef Obkircher**, Typoplus, und **Elena Righi**; Foto Folio • S. 16 u.: Foto A. Ochsenreiter • S. 17: Foto Folio • S. 18–19 Illustrationen **Elisa Dall'Angelo**, **no.parking** • S. 20: Entwürfe der Autorin; Foto A. Ochsenreiter • S. 21 o.: Illustration no.parking • S. 21 u.: Foto A. Ochsenreiter • S. 22 o.: Foto der Autorin • S. 22 M., 23 o.: Fotos G. Hofer • S. 22 u., 23 u., 24: Fotos A. Ochsenreiter • S. 25: im Studio Ochsenreiter; Fotos der Autorin und von A. Ochsenreiter • S. 26: Fotos A. Ochsenreiter • S. 27 A. Ochsenreiter und Ötzis Leibarzt **Eduard Egarter-Vigl**; Fotos M. Samadelli • S. 28 o.: **Sabine Lercher**, no.parking – die grafische Gestalterin der „Gletschermumie" und dieses Buchs „Vom Büchermachen"; Foto Folio • S. 28 u.: Foto A. Ochsenreiter • S. 29 Illustrationen **Sara Welponer**, koloriert von no.parking • S. 30: Foto A. Ochsenreiter • S. 31 l.: Foto A. Pfeifer • S. 31 o.: Foto G. Hofer • S. 31 u.: Foto Ester Solderer • S. 33: Foto Frederike Rüdisser • S. 34 o.: **Günter Egger**, Lanarepro – der uns die Vorgänge der Bildbearbeitung und des Offsetdrucks vermittelt hat; Foto Folio • S. 34 u.: © Südtiroler Archäologiemuseum; Foto A. Ochsenreiter • S. 35 o.: © Südtiroler Archäologiemuseum; Foto **Othmar Seehauser** • S. 35 u.: Foto A. Ochsenreiter • S. 36: Fotos Folio • S. 37: Illustrationen E. Dall'Angelo, no.parking • S. 38: Foto no.parking • S. 40: Foto A. Ochsenreiter • S. 41: Illustrationen E. Dall'Angelo, no.parking • S. 41 u.: Foto der Autorin • S. 42 l.o., 42 r.o., 42 r.m.: bei **Lanarepro**, Lana – wo die „Gletschermumie" gedruckt wurde; 42 r.u.: bei Printer, Trento; alle Fotos M. Gapp • S. 42 und 43: Illustrationen E. Dall'Angelo, no.parking • S. 43 l.: bei Lanarepro; Foto M. Gapp • S. 44 l.: bei Printer, Trento; 44 r.o.: bei Lanarepro; Foto M. Gapp • S. 44 l.u.: Foto der Autorin • S. 45: in der Firma **IGF**, Aldeno; Fotos M. Gapp • S. 46: Fotos A. Ochsenreiter • S. 47 l.: **Christiane Keller**; S. 47 r.: das Vertreterteam des Folio Verlags; beide Fotos Folio • S. 48: **Eleonore Littasy** on the road und bei **Rotraud Schöberl** in der **Buchhandlung Leporello**, Wien; Fotos Folio und Christiane Keller • S. 49: © **Koch, Neff & Volckmar**; Fotos KNV • S. 50: Literaturredaktion der ZEIT; Foto **Vera Tammen** für DIE ZEIT • S. 51 l.o.: **Petra Augschöll**, Foto Folio • S. 51 l.u.: Foto Folio Verlag • S. 51 r.: Foto **Oswald Stimpfl** • S. 51 u., 52, 53 l.: Fotos A. Ochsenreiter • S. 53 r.: in **Reinhard Schölzhorns Buchhandlung Alte Mühle**, Meran; Foto Folio • S. 54 l.: in der **Buchhandlung Riemann**, Coburg; die Inhaberin **Irmgard Clausen** in ihrem Element – sie war es, die dieses Buch angeregt hat • S. 54 r.: Buchhandlung Alte Mühle, **Frederike Rüdisser** schlüpft kurzfristig in eine alte Rolle • S. 56: Foto Folio Verlag • S. 57 l.: In der Grundschule Deutschnofen, Foto A. Pfeifer • S. 57 r.o.: © Südtiroler Archäologiemuseum • S. 57 r.M.: In der öffentlichen Bibliothek Raas, Foto **Gisela Überbacher** • S. 57 u.: **Tobias Hümmer**, Knetzgau – der im Trubel der 200-Jahr-Feier der Buchhandlung Riemann, Coburg, in die Lektüre versinkt; Foto Folio • S. 58–63, Kopfzeilen im Innenteil: Illustrationen **Detlef Surrey** – der weit mehr getan hat, als der Auftrag ihm abverlangte.

Herzlich danken für Anregungen und kritische Hinweise möchten wir weiter **Renate Grubert**, München, und **Ingeborg Taube**, Forchheim.

DIE PAPIERE

Gedruckt wurde dieses Buch fast zur Gänze auf Papieren von **Cartiere del Garda**:

- GardaMatt Art, 150 bzw. 130 g/m² (3 Bogen Innenteil und Überzug)
- GardaPat 13 Klassica, 135 g/m² (1 Bogen Innenteil)
- GardaGloss Art, 115 g/m² (Poster)

Für die Vorsatzblätter wurde Chagall Candido, 130 g/m² verwendet.

Der Haupttitel

Die Bildunterschrift: Interstate Light 8 pt, Durchschuss 11 pt, rechtsbündig

DER ZWISCHENTITEL: INTERSTATE BOLD, 11 PT, DURCHSCHUSS 14 PT, VERSALIEN, BLOCKSATZ Der Fließtext: Joanna MT, 11,2 pt, Durchschuss 14 pt, Blocksatz. Jetzt folgt ein sogenannter Blindtext: sich in das Buch der Geschichte eintragen; sich auf seine vier Buchstaben setzen; in Wort und Schrift; sage und schreibe; die Nase in ein Buch stecken; jemandem die Leviten lesen; ein Buch mit sieben Siegeln sein; wer schreibt, der bleibt; etwas bis auf den letzten Buchstaben erfüllen; wie es im Buche steht; jemandem kann man das Vaterunser durch die Backen lesen; ein aufgeschlagenes/offenes Buch für jemanden sein; zwischen den Zeilen lesen; über etwas Buch führen; sich an den Buchstaben klammern; sich ins Buch der Geschichte eintragen; zu Buche schlagen; es steht nirgends geschrieben; nach dem Buchstaben des Gesetzes; Lesen ist Abenteuer im Kopf!

<u>Ich bin das Layout</u>, die Vorlage, nach der dieses Buch über das Büchermachen gestaltet ist; ich liste die Schriftarten auf, die verwendet wurden.